MOON TRINE & CO.

2021 ASTROLOGICAL MONTHLY PLANNER

Belongs To:

_____

_____

_____

All Aspects in PST, For EST Add 3 hrs, For GMT Add 8 hrs

Copyright © 2020 Moon Trine & Co.
Published by Moon Trine & Co.
www.moontrine.com
ISBN-978-1-7358831-0-6
Cover Art & Layout by Muñeca Osorio

All rights reserved. No part of this publication may be reproduced, distributed, or transmitted in any form or by any means, including but not limited to photocopying, facsimiles or other electronic or mechanical methods, without the prior written permission from the designer, author or publisher, except where permitted by law.

Astrological data calculated using AstroGold Software with Pacific Standard Time for Sacramento, California. Although the author and publisher have made every effort to ensure that the information in this book was correct at press time, the author and publisher do not assume and hereby disclaim any liability to any party for any loss, damage, or disruption caused by errors or omissions, whether such errors or omissions result from negligence, accident, or any other cause.

Contents

Overview 2021
  Astrological Highlights 5
  12 Month Overview 6
  Intentions for 2021 9

Monthly Planner
  January 13
  February 23
  March 33
  April 43
  May 53
  June 63
  July 73
  August 83
  September 93
  October 103
  November 113
  December 123

End of the Year Reflections 132
Draw Your Chart 160
Quick Reference & Keywords 162

ASTROLOGICAL HIGHLIGHTS | OVERVIEW 2021

Date	Event	Position 1	Position 2
1/14	Uranus Stations Direct	06♉43 D	
1/17	Jupiter Square Uranus	06♒43 D	06♉43 D
1/30	Mercury Stations Retrograde	26♒29 R	
2/17	Saturn Square Uranus (1)	07♒13 D	07♉13 D
2/20	Mercury Stations Direct	11♒01 D	
3/25	Sun Conjunct Venus	05♈50 D	
4/27	Pluto Stations Retrograde	26♑48 R	
5/13	Jupiter Enters Pisces	00♓00 D	
5/23	Saturn Stations Retrograde	13♒31 R	
5/29	Mercury Stations Retrograde	24♊43 R	
6/14	Saturn Square Uranus (2)	13♒06 R	13♉06 D
6/20	Jupiter Stations Retrograde	02♓11 R	
6/22	Mercury Stations Direct	16♊07 D	
6/25	Neptune Stations Retrograde	23♓11 R	
7/28	Jupiter Enters Aquarius	29♒59 R	
8/19	Uranus Stations Retrograde	14♉47 R	
8/27	Pluto Square Eris (4)	24♑40 R	24♈40 R
9/26	Mercury Stations Retrograde	25♎28 R	
10/6	Pluto Stations Direct	24♑18 D	
10/8	Pluto Square Eris (5)	24♑18 D	24♈18 R
10/10	Saturn Stations Direct	06♒52 D	
10/17	Jupiter Stations Direct	22♒19 D	
10/18	Mercury Stations Direct	10♎07 D	
10/21	Mars Square Pluto	24♎22 D	24♑22 D
11/10	Mars Square Saturn	07♏40 D	07♒40 D
11/17	Mars Opposition Uranus	12♏15 D	12♉15 R
12/1	Neptune Stations Direct	20♓24 D	
12/19	Venus Stations Retrograde	26♑29 R	
12/23	Saturn Square Uranus (3)	11♒05 D	11♉05 R
12/28	Jupiter Enters Pisces	00♓00 D	

NEW MOONS

1/12	Capricorn	23♑13	9:00 PM
2/11	Aquarius	23♒16	11:05 AM
3/13	Pisces	23♓03	2:21 AM
4/11	Aries	22♈24	7:30 PM
5/11	Taurus	21♉17	11:59 AM
6/10	Gemini ●	19♊47	3:52 AM
7/9	Cancer	18♋01	6:16 AM
8/8	Leo	16♌14	6:50 AM
9/6	Virgo	14♍38	5:51 PM
10/6	Libra	13♎24	4:05 AM
11/4	Scorpio	12♏40	2:14 PM
12/3	Sagittarius ●	12♐22	11:43 PM

FULL MOONS

1/28	Leo	09♌05	11:16 AM
2/27	Virgo	08♍57	12:17 AM
3/28	Libra	08♎18	11:48 AM
4/26	Scorpio	07♏06	8:31 PM
5/26	Sagittarius ●	05♐25	4:13 AM
6/24	Capricorn	03♑27	11:39 AM
7/23	Aquarius	01♒26	7:36 PM
8/22	Aquarius	29♒37	5:01 AM
9/20	Pisces	28♓13	4:54 PM
10/20	Aries	27♈26	7:56 AM
11/19	Taurus ●	27♉14	12:57 AM
12/18	Gemini	27♊28	8:35 PM

ECLIPSES

Date	Type	Kind	Time	Position
5/26	Total	LUNAR	4:13 PM	05♐25
6/10	Annular	SOLAR	3:52 AM	19♊47
11/19	Partial	LUNAR	12:57 AM	27♉14
12/3	Total	SOLAR	11:43 PM	12♐22

RETROGRADE & ECLIPSE TIMELINE

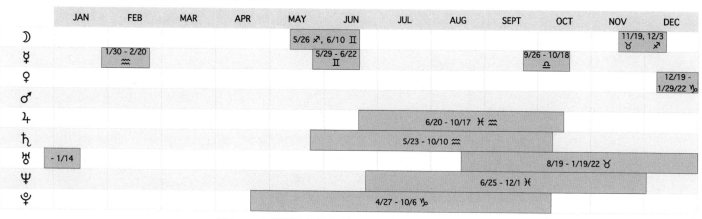

All Aspects in PST, For EST Add 3 hrs, For GMT Add 8 hrs

2021 OVERVIEW

JANUARY

M	T	W	Th	F	S	S
				1	2	3
4	5	6	7	8	9	10
11	12	13	14	15	16	17
18	19	20	21	22	23	24
25	26	27	28	29	30	31

1/12 ● 23♑13 9:00 PM
Capricorn New Moon

1/28 ○ 09♌05 11:16 AM
Leo Full Moon (Wolf Moon)

FEBRUARY

M	T	W	Th	F	S	S
1	2	3	4	5	6	7
8	9	10	11	12	13	14
15	16	17	18	19	20	21
22	23	24	25	26	27	28

2/11 ● 23♒16 11:05 AM
Aquarius New Moon

2/27 ○ 08♍57 12:17 AM
Virgo Full Moon (Snow Moon)

MARCH

M	T	W	Th	F	S	S
1	2	3	4	5	6	7
8	9	10	11	12	13	14
15	16	17	18	19	20	21
22	23	24	25	26	27	28
29	30	31				

3/13 ● 23♓03 2:21 AM
Pisces New Moon

3/28 ○ 08♎18 11:48 AM
Libra Full Moon (Worm Moon)

APRIL

M	T	W	Th	F	S	S
			1	2	3	4
5	6	7	8	9	10	11
12	13	14	15	16	17	18
19	20	21	22	23	24	25
26	27	28	29	30		

4/11 ● 22♈24 7:30 PM
Aries New Moon

4/26 ○ 07♏06 8:31 PM
Scorpio Full Moon (Pink Moon)

MAY

M	T	W	Th	F	S	S
					1	2
3	4	5	6	7	8	9
10	11	12	13	14	15	16
17	18	19	20	21	22	23
24	25	26	27	28	29	30
31						

5/11 ● 21♉17 11:59 AM
Taurus New Moon

5/26 ○ 05♐25 4:13 AM
Sagittarius Full Moon (Flower Moon)
Total LUNAR Eclipse

JUNE

M	T	W	Th	F	S	S
	1	2	3	4	5	6
7	8	9	10	11	12	13
14	15	16	17	18	19	20
21	22	23	24	25	26	27
28	29	30				

6/10 ● 19♊47 3:52 AM
Gemini New Moon/Annular SOLAR Eclipse

6/24 ○ 03♑27 11:39 AM
Capricorn Full Moon (Strawberry Moon)

OVERVIEW 2021

JULY

M	T	W	Th	F	S	S
			◐	2	3	4
5	6	7	8	●	10	11
12	13	14	15	16	◑	18
19	20	21	22	○	24	25
26	27	28	29	30	◐	

7/9 ● 18♋01 6:16 PM
Cancer New Moon

7/23 ○ 01♒26 7:36 PM
Aquarius Full Moon (Buck Moon)

AUGUST

M	T	W	Th	F	S	S
						1
2	3	4	5	6	7	●
9	10	11	12	13	14	◑
16	17	18	19	20	21	○
23	24	25	26	27	28	29
◐	31					

8/8 ● 16♌14 6:50 AM
Leo New Moon

8/22 ○ 29♒37 5:01 AM
Aquarius Full Moon (Sturgeon Moon)

SEPTEMBER

M	T	W	Th	F	S	S
		1	2	3	4	5
●	7	8	9	10	11	12
◑	14	15	16	17	18	19
○	21	22	23	24	25	26
27	◐	29	30			

9/6 ● 14♍38 5:51 PM
Virgo New Moon

9/20 ○ 28♓13 4:54 PM
Pisces Full Moon (Harvest Moon)

OCTOBER

M	T	W	Th	F	S	S
				1	2	3
4	5	●	7	8	9	10
11	◑	13	14	15	16	17
18	19	○	21	22	23	24
25	26	27	◐	29	30	31

10/6 ● 13♎24 4:05 PM
Libra New Moon

10/20 ○ 27♈26 7:56 AM
Aries Full Moon (Hunter's Moon)

NOVEMBER

M	T	W	Th	F	S	S
1	2	3	●	5	6	7
8	9	10	◑	12	13	14
15	16	17	18	◉	20	21
22	23	24	25	26	◐	28
29	30					

11/4 ● 12♏40 2:14 PM
Scorpio New Moon

11/19 ◉ 27♉14 12:57 AM
Taurus Full Moon (Beaver Moon)
Partial LUNAR Eclipse

DECEMBER

M	T	W	Th	F	S	S
		1	2	◉	4	5
6	7	8	9	◑	11	12
13	14	15	16	17	○	19
20	21	22	23	24	25	◐
27	28	29	30	31		

12/3 ◉ 23♐08 11:43 PM
Sagittarius New Moon / Total SOLAR Eclipse

12/18 ○ 27♊28 8:35 PM
Gemini Full Moon (Cold Moon)

INTENTIONS FOR YEAR | OVERVIEW 2021

OVERVIEW 2021 | INTENTIONS FOR YEAR

INTENTIONS FOR YEAR | OVERVIEW 2021

JANUARY

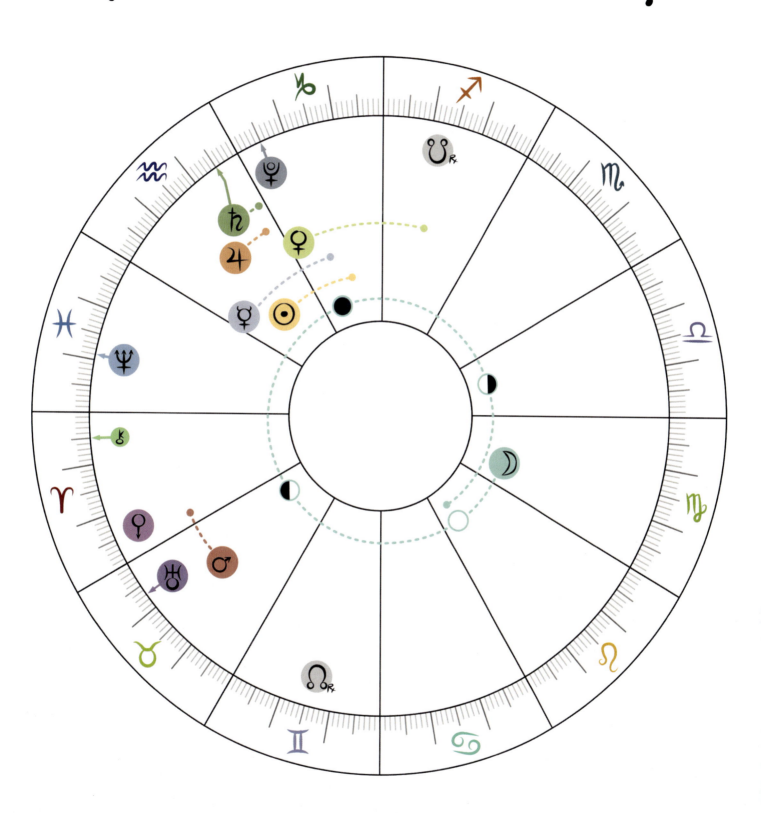

JANUARY						
M	T	W	Th	F	S	S
				1	2	3
4	5	◑	7	8	9	10
11	●	13	14	15	16	17
18	19	◐	21	22	23	24
25	26	27	○	29	30	31

1/6	1:37 AM	◑	Last Quarter Square	☽16♎17 □ ☉ 16♑17
1/12	9:00 PM	●	Capricorn New Moon	☽23♑13 ☌ ☉ 23♑13
1/20	1:01 PM	◐	First Quarter Square	☽01♉02 □ ☉ 01♒02
1/28	11:16 AM	○	Leo Full Moon (Wolf Moon)	☽09♌05 ☍ ☉ 09♒05

Notable Aspects, Ingresses & Stations

1/1	☿ ✱ ♆	Mercury Sextile Neptune	18♑28' D	18♓28' D
1/3	♀ △ ⯱	Venus Trine Eris	23♐27' D	23♈27' R
1/4	☿ □ ⯱	Mercury Square Eris	23♑27' D	23♈27' R
	☿ ☌ ♇	Mercury Conjunct Pluto	24♑19' D	24♑19' D
1/6	♂ → ♉	Mars Enters Taurus	00♉00' D	
1/8	☿ → ♒	Mercury Enters Aquarius	00♒00' D	
	♀ → ♑	Venus Enters Capricorn	00♑00' D	
	☉ ✱ ♆	Sun Sextile Neptune	18♑37' D	18♓37' D
	☿ □ ♂	Mercury Square Mars	01♒00' D	01♉00' D
1/9	♀ △ ♂	Venus Trine Mars	01♑15' D	01♉15' D
	☿ ☌ ♄	Mercury Conjunct Saturn	02♒40' D	02♒40' D
1/10	⯱ SD	Eris Stations Direct	23♈27' D	
1/11	☿ ☌ ♃	Mercury Conjunct Jupiter	05♒15' D	05♒15' D
	☿ ✱ ⚷	Mercury Sextile Chiron	05♒16' D	05♈16' D
	♃ ✱ ⚷	Jupiter Sextile Chiron	05♒16' D	05♈16' D
1/12	☿ □ ♅	Mercury Square Uranus	06♒43' D	06♉43' R
	♀ □ ⚷	Venus Square Chiron	05♑17' D	05♈17' D
1/13	☉ □ ⯱	Sun Square Eris	23♑27' D	23♈27' D
	♂ □ ♄	Mars Square Saturn	03♉04' D	03♒04' D
	♀ △ ♅	Venus Trine Uranus	06♑43' D	06♉43' R
1/14	♅ SD	Uranus Stations Direct	06♉43' D	
	☉ ☌ ♇	Sun Conjunct Pluto	24♑38' D	24♑38' D
1/15	☿	Pre-Retrograde Shadow Begins	11♒01' D	
1/17	♃ □ ♅	Jupiter Square Uranus	06♒43' D	06♉43' D
1/19	☉ → ♒	Sun Enters Aquarius	00♒00' D	
1/20	♂ ☌ ♅	Mars Conjunct Uranus	06♉44' D	06♉44' D
1/22	♂ □ ♃	Mars Square Jupiter	07♉59' D	07♒59' D
1/23	♀ ✱ ♆	Venus Sextile Neptune	19♑01' D	19♓01' D
	☉ ☌ ♄	Sun Conjunct Saturn	04♒20' D	04♒20' D
1/24	☿ ✱ ⯱	Mercury Sextile Eris	23♒28' D	23♈28' D
1/25	☉ ✱ ⚷	Sun Sextile Chiron	05♒40' D	05♈40' D
1/26	☉ □ ♅	Sun Square Uranus	06♒47' D	06♉47' D
1/27	♀ □ ⯱	Venus Square Eris	23♑28' D	23♈28' D
1/28	♀ ☌ ♇	Venus Conjunct Pluto	25♑06' D	25♑06' D
	☉ ☌ ♃	Sun Conjunct Jupiter	09♒21' D	09♒21' D
1/30	☿ SR	Mercury Stations Retrograde	26♒29' R	

ACTIVITY LOG | **JANUARY 2021**

1	F		New Year's Day		
2	S				
3	S				
4	M				
5	T				
6	W	☽			
7	Th				
8	F				
9	S				
10	S				
11	M				
12	T	●			
13	W				
14	Th				
15	F				
16	S				
17	S				
18	M		Martin Luther King Jr. Day		
19	T				
20	W	☽			
21	Th				
22	F				
23	S				
24	S				
25	M				
26	T				
27	W				
28	Th	○			
29	F				
30	S				
31	S				

JANUARY 2021 | GOALS & TASKS TO DO

GENERAL SCHEDULE | JANUARY 2021

	MON	TUES	WED	THURS	FRI	SAT	SUN
5							
6							
7							
8							
9							
10							
11							
12							
1							
2							
3							
4							
5							
6							
7							
8							
9							
10							
11							

JANUARY 2021

MON	TUES	WED	THURS
28	29	30	31
4 ♍→♎ ☽☍♆ 1:49 AM ☿□⯰ 4:18 AM ☽△☿ 11:11 AM ☽△♇ 11:51 AM ☽□♀ 1:33 PM v/c ☿☌♇ 4:58 PM ☽→♎ 9:42 PM	5 ♎ ☽△♄ 1:22 AM ☽△♃ 4:16 AM ☽☍⚷ 6:32 AM	Last Qtr ◑ 16♎17 1:37 AM 6 ♎ ☽□☉ 1:37 AM ☽☍⯰ 1:48 PM ♂→♉ 2:27 PM ☽□♇ 3:23 PM ☽□☿ 9:20 PM ☽✱♀ 9:54 PM v/c	7 ♎→♏ ☽→♏ 12:53 AM ☽☍♂ 1:14 AM ☽□♄ 4:54 AM ☽□♃ 8:10 AM ☽☍♅ 12:15 PM
11 ♐→♑ ☽→♑ 5:29 AM ☽△♂ 9:16 AM ☿☌♃ 9:19 AM ☿✱⚷ 9:23 AM ♃✱⚷ 9:48 AM ☽☌♀ 12:14 PM ☽□⚷ 2:23 PM ☽△♅ 4:50 PM	Capricorn New Moon ● 23♑13 9:00 PM 12 ♑ ☿□♅ 6:59 AM ♀□⚷ 1:03 PM ☽✱♆ 1:16 PM ☽☌☉ 9:00 PM ☽□⯰ 9:23 PM ☽☌♇ 11:22 PM v/c	13 ♑→♒ ☉□⯰ 2:24 AM ♂□♄ 3:01 AM ☽→♒ 8:43 AM ☽☌♄ 2:11 PM ☽□♂ 2:29 PM ♀△♅ 4:22 PM ☽✱⚷ 6:01 PM ☽☌♃ 6:54 PM ☽□♅ 8:28 PM	14 ♒ ♅SD 12:35 AM ☽☌☿ 1:28 AM v/c ☉☌♇ 6:18 AM
18 ♈ ☽✱♄ 6:19 AM ☽☌⚷ 9:48 AM ☽✱♃ 12:44 PM Martin Luther King Jr. Day	19 ♈ ☽□♀ 1:42 AM ☽✱☿ 9:53 AM ☉→♒ 12:39 PM ☽☌⯰ 9:43 PM	First Qtr ◐ 01♉02 1:01 PM 20 ♈→♉ ☽□♇ 12:28 AM v/c ☽→♉ 10:56 AM ♂☌♅ 12:37 PM ☽□☉ 1:01 PM ☽□♄ 7:00 PM	21 ♉ ☽☌♅ 12:36 AM ☽☌♂ 1:08 AM ☽□♃ 2:14 AM ☽△♀ 9:28 PM
25 ♊→♋ ☉✱⚷ 2:28 AM ☽→♋ 10:51 AM ☽□⚷ 9:45 PM ☽✱♅ 11:49 PM	26 ♋ ☉□♅ 4:48 AM ☽✱♂ 5:17 AM ☽△♆ 10:57 PM	27 ♋→♌ ♀□⯰ 1:10 AM ☽□⯰ 6:59 AM ☽☍♀ 7:36 AM ☽☍♇ 9:55 AM v/c ☽→♌ 6:54 PM	Leo Full Moon Wolf Moon ○ 09♌05 11:16 AM 28 ♌ ☽☍♄ 3:40 AM ☽△⚷ 5:20 AM ☽□♅ 7:11 AM ♀☌♇ 8:18 AM ☽☍☉ 11:16 AM ☽☍♃ 11:38 AM ☽□♂ 2:32 PM ☉☌♃ 5:39 PM

JANUARY 2021

FRI	SAT	SUN
1 ♌ ☿ ✱ ♆ 3:18 AM New Year's Day	2 ♌→♍ ☽ △ ♀ 3:24 AM ☽ △ ⯱ 5:33 AM ☽ △ ♂ 2:00 PM v/c ☽ → ♍ 5:12 PM	3 ♍ ♀ △ ⯱ 2:21 AM ☽ △ ♅ 5:11 AM ☽ △ ☉ 5:44 PM
8 ♏ ☿ → ♒ 3:59 AM ♀ → ♑ 7:41 AM ☽ ✱ ☉ 8:10 AM ☽ △ ♆ 8:13 AM ☉ ✱ ♆ 8:53 AM ☽ ✱ ♇ 5:58 PM v/c ☿ □ ♂ 6:44 PM	9 ♏→♐ ☽ → ♐ 3:15 AM ☽ ✱ ☿ 6:14 AM ☽ ✱ ♄ 7:38 AM ♀ △ ♂ 7:52 AM ☽ ✱ ♃ 11:17 AM ☽ △ ⚷ 11:58 AM ☿ ☌ ♄ 7:17 PM	10 ♐ ⯱ SD 4:48 AM ☽ □ ♆ 10:29 AM v/c ☽ △ ⯱ 6:29 PM
15 ♒→♓ ☽ ✱ ⯱ 2:20 AM ☽ → ♓ 2:17 PM ☽ ✱ ♂ 10:29 PM	16 ♓ ☽ ✱ ♅ 2:43 AM ☽ ✱ ♀ 9:01 AM	17 ♓→♈ ☽ ☌ ♆ 1:34 AM ☽ ✱ ♇ 12:55 PM ♃ □ ♅ 2:49 PM ☽ ✱ ☉ 7:44 PM v/c ☽ → ♈ 11:07 PM
22 ♉→♊ ☽ ✱ ♆ 1:27 AM ☽ □ ☿ 5:58 AM ☽ △ ♇ 1:27 PM v/c ☽ → ♊ 11:43 PM ♂ □ ♃ 11:48 PM	23 ♊ ☽ △ ☉ 7:26 AM ☽ △ ♄ 8:19 AM ☽ ✱ ⚷ 10:58 AM ♀ ✱ ♆ 11:49 AM ☽ △ ♃ 4:03 PM ☉ ☌ ♄ 7:01 PM	24 ♊ ☿ ✱ ⯱ 8:54 AM ☽ □ ♆ 1:35 PM ☽ ✱ ⯱ 10:13 PM ☽ △ ☿ 11:17 PM v/c
29 ♌ ☽ △ ⯱ 12:41 PM ☽ ☍ ☿ 5:53 PM v/c	30 ♌→♍ ☽ → ♍ 12:02 AM ☿ SR 7:51 AM ☽ △ ♅ 11:51 AM ☽ △ ♂ 8:56 PM	31 ♍ ☽ ☍ ♆ 9:08 AM ☽ △ ♇ 7:17 PM

FOCUS

GOALS

TASKS

- ☐
- ☐
- ☐
- ☐
- ☐
- ☐
- ☐
- ☐
- ☐
- ☐
- ☐
- ☐

DECEMBER 2020

M	T	W	TH	F	S	S
	1	2	3	4	5	6
◑	8	9	10	11	12	13
◉	15	16	17	18	19	20
◐	22	23	24	25	26	27
28	○	30	31			

FEBRUARY 2021

M	T	W	TH	F	S	S
1	2	3	◑	5	6	7
8	9	10	●	12	13	14
15	16	17	18	◐	20	21
22	23	24	25	26	○	28

NOTES | JANUARY 2021

FEBRUARY

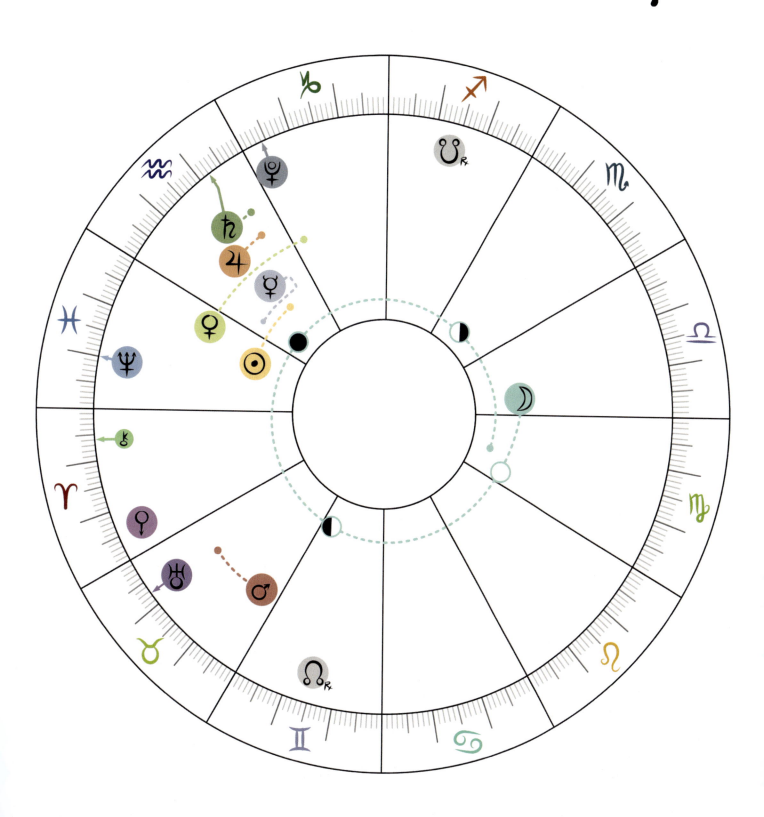

FEBRUARY

M	T	W	Th	F	S	S
1	2	3	◐	5	6	7
8	9	10	●	12	13	14
15	16	17	18	◑	20	21
22	23	24	25	26	○	28

2/4 9:37 AM ◐ Last Quarter Square   ☽16♏07 □ ☉16♒07
2/11 11:05 AM ● Aquarius New Moon   ☽23♒16 ☌ ☉23♒16
2/19 10:47 AM ◑ First Quarter Square   ☽01♊20 □ ☉01♓20
2/27 12:17 AM ○ Virgo Full Moon (Snow Moon) ☽08♍57 ☍ ☉08♓57

Notable Aspects, Ingresses & Stations

2/1	☉□♂	Sun Square Mars	12♒47' D	12♉47' D
	♀→♒	Venus Enters Aquarius	00♒00' D	
2/5	☿✶⯰	Mercury Sextile Eris	23♒30' R	23♈30' D
	♀☌♄	Venus Conjunct Saturn	05♒54' D	05♒54' D
2/6	♀✶⚷	Venus Sextile Chiron	06♒08' D	06♈08' D
	♀□♅	Venus Square Uranus	06♒58' D	06♉58' D
2/8	☉☌☿	Sun Conjunct Mercury	20♒01' D	20♒01' R
2/9	♄✶⚷	Saturn Sextile Chiron	06♒16' D	06♈16' D
	☉✶♆	Sun Sextile Neptune	18♑37' D	18♓37' D
2/10	☿□♂	Mercury Square Mars	17♒43' R	17♉43' D
2/11	♀☌♃	Venus Conjunct Jupiter	12♒34' D	12♒34' D
	☉✶⯰	Sun Sextile Eris	23♒32' D	23♈32' D
2/12	☿☌♀	Mercury Conjunct Venus	14♒42' R	14♒42' D
2/13	♂✶♆	Mars Sextile Neptune	19♉42' D	19♓42' D
2/14	☿☌♃	Mercury Conjunct Jupiter	13♒20' R	13♒20' D
2/17	♄□♅	Saturn Square Uranus	07♒13' D	07♉13' D
2/18	☉→♓	Sun Enters Pisces	00♓00' D	
2/19	♀□♂	Venus Square Mars	23♒00' D	23♉00' D
2/20	♀✶⯰	Venus Sextile Eris	23♒36' D	23♈36' D
	☿ SD	Mercury Stations Direct	11♒01' D	
2/24	♂△♇	Mars Trine Pluto	25♉55' D	25♑55' D
2/25	♀→♓	Venus Enters Pisces	00♓00' D	
	☉✶♅	Sun Sextile Uranus	07♓29' D	07♉29' D

ACTIVITY LOG | **FEBRUARY 2021**

1	M				
2	T		Groundhog Day		
3	W				
4	Th	☽			
5	F				
6	S				
7	S				
8	M				
9	T				
10	W				
11	Th	●			
12	F		Chinese New Year (Ox)		
13	S				
14	S		Valentine's Day		
15	M		President's Day		
16	T		Mardi Gras		
17	W				
18	Th				
19	F	☾			
20	S				
21	S				
22	M				
23	T				
24	W				
25	Th				
26	F				
27	S	○			
28	S				

FEBRUARY 2021 | GOALS & TASKS TO DO

GENERAL SCHEDULE | **FEBRUARY 2021**

	MON	TUES	WED	THURS	FRI	SAT	SUN
5							
6							
7							
8							
9							
10							
11							
12							
1							
2							
3							
4							
5							
6							
7							
8							
9							
10							
11							

FEBRUARY 2021

MON	TUES	WED	THURS
1 ♎ ☉□♂ 2:33 AM ☽△♀ 3:09 AM v/c ☽→♎ 3:25 AM ♀→♒ 6:05 AM ☽△♄ 12:32 PM ☽☍⚷ 1:30 PM ☽△♃ 8:57 PM	**2** ♎ ☽△☉ 2:49 AM ☽☍⚳ 7:14 PM ☽□♇ 10:14 PM ☽△☿ 10:15 PM v/c Groundhog Day	**3** ♎→♏ ☽→♏ 6:14 AM ☽□♀ 10:55 AM ☽□♄ 3:47 PM ☽☍♅ 5:57 PM	**4** Last Qtr ◑ 16♏07 9:37 AM ♏ ☽□♃ 12:39 AM ☽☍♂ 6:50 AM ☽□☉ 9:37 AM ☽△♆ 3:11 PM ☽□☿ 10:26 PM
8 ♑ ☽△♅ 12:59 AM ☉☌☿ 5:47 AM ☽△♂ 6:21 PM ☽✶♆ 10:54 PM	**9** ♑→♒ ♄✶⚷ 3:00 AM ☽□⚳ 5:55 AM ☽☌♇ 9:21 AM v/c ☽→♒ 5:20 PM	**10** ♒ ☿□♂ 4:15 AM ☽✶⚷ 4:33 AM ☽☌♄ 4:41 AM ☽□♅ 5:51 AM ☽☌♀ 2:10 PM ☽☌♃ 3:28 PM ☽☌☿ 11:22 PM	**11** Aquarius New Moon ● 23♒16 11:05 AM ♒→♓ ☽□♂ 1:54 AM ♀☌♃ 6:59 AM ☽☌☉ 11:05 AM v/c ☽✶⚳ 11:34 AM ☉✶⚳ 5:27 PM ☽→♓ 11:23 PM
15 ♈ ☽✶☿ 8:50 AM ☽✶♃ 10:21 AM ☽✶♀ 7:39 PM President's Day	**16** ♈→♉ ☽☌⚳ 6:17 AM ☽□♇ 10:32 AM ☽✶☉ 4:16 PM v/c ☽→♉ 7:11 PM Mardi Gras	**17** ♉ ☽□♄ 9:47 AM ☽☌♅ 9:48 AM ♄□♅ 11:07 AM ☽□☿ 6:32 PM ☽□♃ 11:50 PM	**18** ♉ ☉→♓ 2:43 AM ☽✶♆ 11:29 AM ☽□♀ 3:21 PM ☽☌♂ 4:47 PM ☽△♇ 11:28 PM v/c
22 ♋ ☽△☉ 3:46 AM ☽□⚷ 9:14 AM ☽✶♅ 10:08 AM	**23** ♋ ☽△♆ 10:05 AM ☽□⚳ 4:42 PM ☽✶♂ 7:58 PM ☽☍♇ 8:53 PM v/c	**24** ♋→♌ ☽→♌ 4:22 AM ☽△⚷ 5:03 PM ☽□♅ 5:49 PM ♂△♇ 5:51 PM ☽☍♄ 6:52 PM	**25** ♌ ☽☍☿ 1:56 AM ♀→♓ 5:11 AM ☽☍♃ 8:40 AM ☉✶♅ 1:13 PM ☽△⚳ 10:12 PM
1	2	3	4

FEBRUARY 2021

FRI	SAT	SUN	FOCUS

5
♏→♐

☽✷♇ 1:19 AM v/c
☿✷♀ 2:00 AM
☽→♐ 9:16 AM
☽□♀ 7:00 PM
☽✷♄ 7:20 PM
☽△☊ 7:45 PM
♀☌♄ 11:06 PM

6
♐

♀✷☋ 3:43 AM
☽✷♃ 4:45 AM
☽✷☉ 4:56 PM
☽□♆ 6:40 PM
♀□♅ 7:32 PM
☽✷☿ 10:16 PM v/c

7
♐→♑

☽△♀ 1:39 AM
☽→♑ 12:51 PM
☽□☋ 11:39 PM

12
♓

☽✷♅ 12:30 PM
☿☌♀ 11:47 PM

Chinese New Year - Ox Year

13
♓

☽✷♂ 11:54 AM
☽☌♆ 12:10 PM
♂✷♆ 6:13 PM
☽✷♇ 11:28 PM v/c

14
♓→♈

☽→♈ 7:54 AM
☿☌♃ 1:39 PM
☽☌☋ 8:35 PM
☽✷♄ 9:22 PM

Valentine's Day

GOALS

First Qtr ◐ 01♊20 10:47 AM

19
♉→♊

☽→♊ 8:03 AM
☽□☉ 10:47 AM
♀□♂ 3:03 PM
☽✷☋ 9:46 PM
☽△♄ 11:15 PM

20
♊

♀✷♀ 2:22 AM
☽△☿ 6:19 AM
☽△♃ 1:46 PM
☿ SD 4:51 PM

21
♊→♋

☽□♆ 12:09 AM
☽✷♂ 7:21 AM
☽△♀ 10:39 AM v/c
☽→♋ 7:52 PM

TASKS

☐
☐

26
♌→♍

☽□♂ 3:31 AM v/c
☽→♍ 9:07 AM
☽☍♀ 11:50 AM
☽△♅ 9:53 PM

27
♍

Virgo Full Moon ○ 08♍57
Snow Moon 12:17 PM

☽☍☉ 12:17 AM
☽☍♆ 7:06 PM

28
♍→♎

Pisces New Moon 4♓28 7:32 AM

☽△♆ 4:42 AM
☽△♂ 7:57 AM v/c
☽→♎ 11:16 AM
☽☍☋ 11:13 PM

☐
☐
☐
☐
☐

5
6
7

☐
☐
☐
☐

JANUARY 2021

M	T	W	TH	F	S	S
				1	2	3
4	5	◐	7	8	9	10
11	12	●	14	15	16	17
18	19	◑	21	22	23	24
25	26	27	○	29	30	31

MARCH 2021

M	T	W	TH	F	S	S
1	2	3	4	◐	6	7
8	9	10	11	12	●	14
15	16	17	18	19	20	◑
22	23	24	25	26	27	○
29	30	31				

NOTES | FEBRUARY 2021

MARCH

MARCH

M	T	W	Th	F	S	S
1	2	3	4	◐	6	7
8	9	10	11	12	●	14
15	16	17	18	19	20	◑
22	23	24	25	26	27	○
29	30	31				

3/5   5:30 PM   ◐ Last Quarter Square   ☽15♐41 □ ☉15♓41
3/13 2:21 AM   ● Pisces New Moon   ☽23♓03 ☌ ☉23♓03
3/21 7:40 AM   ◑ First Quarter Square ☽01♋12 □ ☉01♈12
3/28 11:48 AM ○ Libra Full Moon (Worm Moon) ☽08♎18 ☍ ☉08♈18

Notable Aspects, Ingresses & Stations

3/3	♀ ✶ ♅	Venus Sextile Uranus	07♓42' D	07♉42' D
	♂ → ♊	Mars Enters Gemini	00♊00' D	
3/4	☿ ☌ ♃	Mercury Conjunct Jupiter	17♒32' D	17♒32' D
3/10	☿ ✶ ♀	Mercury Sextile Eris	23♒45' D	23♈45' D
	☉ ☌ ♆	Sun Conjunct Neptune	20♓37' D	20♓37' D
3/13	♀ ☌ ♆	Venus Conjunct Neptune	20♓45' D	20♓45' D
	☿	Post-Retrograde Shadow Ends	26♒29' D	
3/15	☿ → ♓	Mercury Enters Pisces	00♓00' D	
3/16	☉ ✶ ♇	Sun Sextile Pluto	26♓23' D	26♑23' D
3/17	♂ ✶ ⚷	Mars Sextile Chiron	08♊12' D	08♈12' D
3/18	♀ ✶ ♇	Venus Sextile Pluto	26♓25' D	26♑25' D
3/20	☉ → ♈	Sun Enters Aries	00♈00' D	
3/21	♀ → ♈	Venus Enters Aries	00♈00' D	
	☿ ✶ ♅	Mercury Sextile Uranus	08♓30' D	08♉30' D
	♂ △ ♄	Mars Trine Saturn	10♊32' D	10♒32' D
3/23	☿ □ ♂	Mercury Square Mars	11♓45' D	11♊45' D
3/25	☉ ☌ ♀	Sun Conjunct Venus	05♈50' D	05♈50' D
3/28	♀ ☌ ⚷	Venus Conjunct Chiron	08♈49' D	08♈49' D
3/29	☉ ☌ ⚷	Sun Conjunct Chiron	08♈51' D	08♈51' D
	☿ ☌ ♆	Mercury Conjunct Neptune	21♓20' D	21♓20' D
3/30	♀ ✶ ♄	Venus Sextile Saturn	11♈16' D	11♒16' D
3/31	☉ ✶ ♄	Sun Sextile Saturn	11♈21' D	11♒21' D

ACTIVITY LOG | **MARCH 2021**

1	M				
2	T				
3	W				
4	Th				
5	F	◐			
6	S				
7	S				
8	M				
9	T				
10	W				
11	Th				
12	F				
13	S	●			
14	S		Daylight Savings Starts		
15	M				
16	T				
17	W		St. Patrick's Day		
18	Th				
19	F				
20	S		March Equinox		
21	S	◐			
22	M				
23	T				
24	W				
25	Th				
26	F				
27	S				
28	S	○	First Day Passover		
29	M				
30	T				
31	W				

MARCH 2021 | GOALS & TASKS TO DO

GENERAL SCHEDULE | **MARCH 2021**

	MON	TUES	WED	THURS	FRI	SAT	SUN
5							
6							
7							
8							
9							
10							
11							
12							
1							
2							
3							
4							
5							
6							
7							
8							
9							
10							
11							

MARCH 2021

MON	TUES	WED	THURS
1 ♎ ☽△♄ 1:17 AM ☽△☿ 11:27 AM ☽△♃ 2:57 PM	2 ♎→♏ ☽☍♀ 2:13 AM ☽□♇ 6:09 AM v/c ☽→♏ 12:38 PM	3 ♏ ☽△♀ 12:38 AM ☽☍♅ 1:21 AM ☽□♄ 3:04 AM ♀✶♅ 9:09 AM ☽△☉ 10:52 AM ☽□☿ 4:01 PM ☽□♃ 5:21 PM ♂→♊ 7:29 PM ☽△♆ 10:30 PM	4 ♏→♐ ☽✶♇ 8:09 AM v/c ☽→♐ 2:42 PM ☽☍♂ 3:31 PM ☿☌♃ 7:27 PM
8 ♑→♒ ☽✶☉ 2:14 AM ☽✶♆ 6:40 AM ☽□♀ 12:23 PM ☽☌♇ 4:52 PM v/c ☽→♒ 11:40 PM	9 ♒ ☽△♂ 5:22 AM ☽✶⚷ 1:42 PM ☽□♅ 2:06 PM ☽☌♄ 4:44 PM	10 ♒ ☽☌♃ 9:57 AM ☿✶♀ 3:02 PM ☉☌♆ 4:00 PM ☽✶♀ 7:07 PM ☽☌☿ 7:31 PM v/c	11 ♒→♓ ☽→♓ 6:43 AM ☽□♂ 3:16 PM ☽✶♅ 9:49 PM
15 ♈ ☽✶♃ 7:40 AM ☿→♓ 3:26 PM ☽☌♀ 3:31 PM ☽□♇ 8:40 PM v/c	16 ♈→♉ ☽→♉ 3:56 AM ☽✶☿ 5:30 AM ☉✶♇ 11:25 AM ☽☌♅ 8:36 PM	17 ♉ ☽□♄ 12:19 AM ♂✶⚷ 8:35 PM ☽□♃ 9:13 PM ☽✶♆ 10:15 PM St. Patrick's Day	18 ♉→♊ ☽✶♀ 9:23 AM ☽△♇ 9:29 AM ♀✶♇ 10:19 AM ☽✶☉ 1:39 PM v/c ☽→♊ 4:47 PM
22 ♋ ☽△♆ 10:14 PM	23 ♋→♌ ☽□♀ 3:29 AM ☽☍♇ 8:26 AM v/c ☽→♌ 2:56 PM ☿□♂ 8:26 PM ☽△♀ 8:49 PM ☽△☉ 9:53 PM	24 ♌ ☽△⚷ 6:39 AM ☽□♅ 6:45 AM ☽☍♄ 10:38 AM ☽✶♂ 1:08 PM	25 ♌→♍ ☽☍♃ 6:27 AM v/c ☽△♀ 9:52 AM ☽→♍ 8:25 PM ☉☌♀ 11:57 PM
29 ♎→♏ ☉☌⚷ 1:08 AM ☽△♃ 11:01 AM ☽☍♀ 12:51 PM ☽□♇ 5:07 PM v/c ☿☌♆ 8:23 PM ☽→♏ 10:33 PM	30 ♏ ♀✶♄ 8:46 AM ☽☍♅ 12:53 PM ☽□♄ 4:39 PM	31 ♏→♐ ☽△♆ 8:58 AM ☽□♃ 11:52 AM ☽△☿ 1:35 PM ☉✶♄ 2:04 PM ☽✶♇ 5:28 PM v/c ☽→♐ 10:58 PM	1

MARCH 2021

FRI	SAT	SUN	FOCUS
5 Last Qtr 15♐41 5:30 PM ♐	**6** ♐→♑	**7** ♑	
☽△⚷ 3:25 AM ☽✶♄ 5:56 AM ☽□♀ 7:58 AM ☽□☉ 5:30 PM ☽✶♃ 9:06 PM ☽✶☿ 10:35 PM	☽□♆ 1:43 AM v/c ☽△♀ 7:22 AM ☽→♑ 6:20 PM	☽□⚷ 7:42 AM ☽△♅ 8:09 AM ☽✶♀ 5:28 PM	
12 ♓	**13** Pisces New Moon 23♓03 2:21 AM ♓→♈	**14** ♈	**GOALS**
☽♂♀ 7:29 PM ☽♂♆ 9:51 PM	☽♂☉ 2:21 AM ☽✶♇ 8:37 AM v/c ☽→♈ 3:43 PM ♀♂♆ 7:07 PM	☽✶♂ 3:28 AM ☽♂⚷ 7:18 AM ☽✶♄ 10:58 AM Daylight Savings Starts	
19 ♊	**20** ♊	**21** First Qtr 01♋12 7:40 AM ♊→♋	
☽□☿ 2:27 AM ☽✶⚷ 9:39 AM ☽♂♂ 11:25 AM ☽△♄ 1:49 PM	☉→♈ 2:37 AM ☽△♃ 11:13 AM ☽□♆ 11:20 AM ☽✶♀ 5:02 PM March Equinox	☽□♀ 5:04 AM v/c ☽→♋ 5:17 AM ♀→♈ 7:16 AM ☽□☉ 7:40 AM ☿✶♅ 4:34 PM ♂△♄ 7:34 PM ☽□⚷ 9:53 PM ☽✶♅ 10:02 PM ☽△☿ 10:45 PM	**TASKS**
26 ♍	**27** ♍→♎	**28** Libra Full Moon Worm Moon 08♎18 11:48 AM ♎	
☽△♅ 11:16 AM ☽♂♂ 7:16 PM	☽♂☿ 12:37 AM ☽♂♆ 8:05 AM ☽△♇ 4:48 PM v/c ☽→♎ 10:22 PM	♀♂⚷ 9:27 AM ☽♂☉ 11:48 AM ☽♂⚷ 12:38 PM ☽♂♀ 12:54 PM ☽△♄ 4:20 PM ☽△♂ 10:12 PM First Day Passover	
2	3	4	

FEBRUARY 2021

M	T	W	TH	F	S	S
1	2	3	◐	5	6	7
8	9	10	●	12	13	14
15	16	17	18	◑	20	21
22	23	24	25	26	○	28

APRIL 2021

M	T	W	TH	F	S	S
			1	2	3	◐
5	6	7	8	9	10	●
12	13	14	15	16	17	18
19	◑	21	22	23	24	25
○	27	28	29	30		

NOTES | MARCH 2021

APRIL

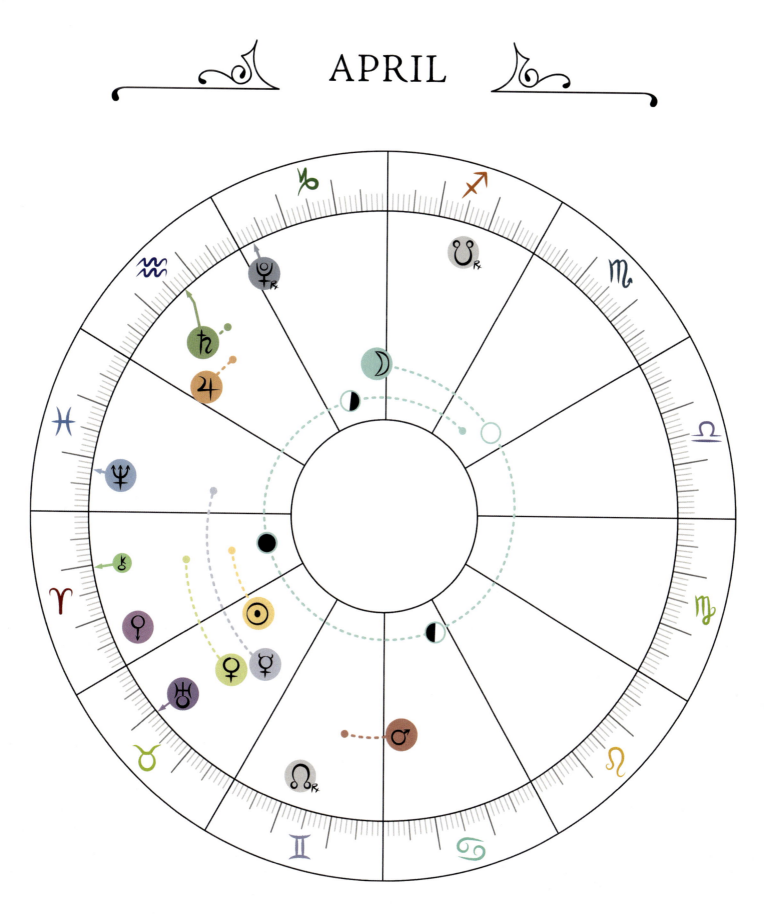

APRIL

M	T	W	Th	F	S	S
			1	2	3	◑
5	6	7	8	9	10	●
12	13	14	15	16	17	18
◐	20	21	22	23	24	25
○	27	28	29	30		

4/4	3:02 AM	◑	Last Quarter Square	☽14♑51 □ ☉14♈51
4/11	7:30 PM	●	Aries New Moon	☽22♈24 ☌ ☉ 22♈24
4/19	11:58 PM	◐	First Quarter Square	☽00♌25 □ ☉ 00♉25
4/26	8:31 PM	○	Scorpio Full Moon (Pink Moon)	☽07♏06 ☍ ☉ 07♉06

Notable Aspects, Ingresses & Stations

4/1	☿ ✶ ♇	Mercury Sextile Pluto	26♓38' D	26♑38' D
4/3	☿ → ♈	Mercury Enters Aries	00♈00' D	
4/4	♃ ✶ ⯰	Jupiter Sextile Eris	24♒00' D	24♈00' D
4/6	♀ ✶ ♂	Venus Sextile Mars	19♈43' D	19♊43' D
4/9	☿ ☌ ⚷	Mercury Conjunct Chiron	09♈29' D	09♈29' D
	♂ □ ♆	Mars Square Neptune	21♊43' D	21♓43' D
	♀ ☌ ⯰	Venus Conjunct Eris	24♈03' D	24♈03' D
4/10	☿ ✶ ♄	Mercury Sextile Saturn	12♈03' D	12♒03' D
	♀ ✶ ♃	Venus Sextile Jupiter	25♈04' D	25♒04' D
4/11	♀ □ ♇	Venus Square Pluto	26♈44' D	26♑44' D
4/13	♂ ✶ ⯰	Mars Sextile Eris	24♊06' D	24♈06' D
	☉ ☌ ⯰	Sun Conjunct Eris	24♈06' D	24♈06' D
	☉ ✶ ♂	Sun Sextile Mars	24♈14' D	24♊14' D
4/14	♀ → ♉	Venus Enters Taurus	00♉00' D	
4/15	☉ ✶ ♃	Sun Sextile Jupiter	25♈56' D	25♒56' D
4/16	☉ □ ♇	Sun Square Pluto	26♈46' D	26♑46' D
	☿ ☌ ⯰	Mercury Conjunct Eris	24♈08' D	24♈08' D
	♂ △ ♃	Mars Trine Jupiter	26♊12' D	26♒12' D
4/17	☿ ✶ ♃	Mercury Sextile Jupiter	26♈16' D	26♒16' D
	☿ ✶ ♂	Mercury Sextile Mars	26♈33' D	26♊33' D
	☿ □ ♇	Mercury Square Pluto	26♈47' D	26♑47' D
4/18	☉ ☌ ☿	Sun Conjunct Mercury	29♈14' D	29♈14' D
4/19	☿ → ♉	Mercury Enters Taurus	00♉00' D	
	☉ → ♉	Sun Enters Taurus	00♉00' D	
4/22	♀ ☌ ♅	Venus Conjunct Uranus	10♉13' D	10♉13' D
4/23	♂ → ♋	Mars Enters Cancer	00♋00' D	
	☿ ☌ ♅	Mercury Conjunct Uranus	10♉18' D	10♉18' D
4/24	♀ □ ♄	Venus Square Saturn	12♉52' D	12♒52' D
4/25	☿ □ ♄	Mercury Square Saturn	12♉53' D	12♒53' D
	☿ ☌ ♀	Mercury Conjunct Venus	13♉47' D	13♉47' D
4/27	♇SR	Pluto Stations Retrograde	26♑48' R	
4/29	☿ ✶ ♆	Mercury Sextile Neptune	22♉21' D	22♓21' D
4/30	☉ ☌ ♅	Sun Conjunct Uranus	10♉40' D	10♉40' D

ACTIVITY LOG | **APRIL 2021**

1	Th				
2	F		Good Friday		
3	S				
4	S	◐	Easter Sunday Last Day of Passover		
5	M				
6	T				
7	W				
8	Th				
9	F				
10	S				
11	S	●			
12	M				
13	T				
14	W				
15	Th		Tax Day		
16	F				
17	S				
18	S				
19	M	◐			
20	T				
21	W				
22	Th		Earth Day		
23	F				
24	S				
25	S				
26	M	○			
27	T				
28	W				
29	Th				
30	F				

APRIL 2021 | GOALS & TASKS TO DO

GENERAL SCHEDULE | **APRIL 2021**

	MON	TUES	WED	THURS	FRI	SAT	SUN
5							
6							
7							
8							
9							
10							
11							
12							
1							
2							
3							
4							
5							
6							
7							
8							
9							
10							
11							

APRIL 2021

MON	TUES	WED	THURS
29	30	31	1 ♐ ☽△⚷ 1:54 PM ☽✶♄ 5:52 PM ☽△☉ 7:45 PM ☽△♀ 10:56 PM ☿✶♇ 11:03 PM
5 ♑→♒ ☽☌♇ 12:05 AM v/c ☽→♒ 6:03 AM ☽✶☿ 11:19 AM ☽□♅ 10:58 PM ☽✶⚷ 11:01 PM	6 ♒ ☽☌♄ 3:32 AM ♀✶♂ 4:17 AM ☽✶☉ 1:39 PM ☽△♂ 6:55 PM ☽✶♀ 7:43 PM	7 ♒→♓ ☽✶♀ 2:17 AM ☽☌♃ 3:04 AM v/c ☽→♓ 1:30 PM	8 ♓ ☽✶♅ 7:23 AM
12 ♈→♉ ☽✶♃ 1:24 AM ☽□♇ 4:12 AM ☽☌♀ 5:06 AM v/c ☽→♉ 10:43 AM	13 ♉ ☽☌♅ 6:17 AM ♂✶♀ 10:51 AM ☽□♄ 11:30 AM ☉☌♀ 12:55 PM ☉✶♂ 4:09 PM First Day of Ramadan	14 ♉→♊ ☽✶♆ 7:03 AM ♀→♉ 11:21 AM ☽□♃ 3:02 PM ☽△♇ 4:59 PM v/c ☽→♊ 11:34 PM	15 ♊ ☉✶♃ 9:58 AM ☽✶⚷ 7:43 PM Tax Day
First Qtr ◐ 00♌25 11:58 PM 19 ♋→♌ ☿→♉ 3:29 AM ☽△♆ 7:55 AM ☽□♀ 12:01 PM ☉→♉ 1:33 PM ☽☍♇ 5:03 PM v/c ☽→♌ 11:10 PM ☽□☉ 11:58 PM	20 ♌ ☽□☿ 3:08 AM ☽□♀ 1:21 PM ☽□♅ 6:11 PM ☽△⚷ 6:16 PM ☽☍♄ 10:55 PM	21 ♌ ☽△♀ 7:49 PM	22 ♌→♍ ☽☍♃ 12:54 AM ☽✶♂ 5:04 AM v/c ☽→♍ 6:08 AM ☽△☉ 11:05 AM ♀☌♅ 6:01 PM ☽△☿ 7:47 PM ☽△♅ 11:57 PM Earth Day
Scorpio Full Moon Pink Moon ○ 07♏06 8:31 PM 26 ♎→♏ ☽☍♀ 12:10 AM ☽□♇ 4:14 AM ☽△♃ 5:39 AM v/c ☽→♏ 9:18 AM ☽△♂ 12:29 PM ☽☍☉ 8:31 PM	27 ♏ ☽☍♅ 1:51 AM ☽□♄ 5:47 AM ☽☍♀ 10:35 AM ♇SR 1:01 PM ☽☍☿ 1:23 PM ☽△♆ 8:31 PM	28 ♏→♐ ☽✶♇ 3:38 AM ☽□♃ 5:31 AM v/c ☽→♐ 8:42 AM	29 ♐ ☽△⚷ 1:40 AM ☽✶♄ 5:35 AM ☿✶♆ 7:26 PM ☽□♆ 8:42 PM ☽△♀ 11:50 PM

APRIL 2021

FRI	SAT	SUN

FRI 2 ♐

☽☍♂ 3:40 AM
☽□♆ 10:42 AM
☽✶♃ 2:17 PM
☽△♀ 2:56 PM
☽□☿ 10:23 PM v/c

Good Friday

SAT 3 ♐→♑

☽→♑ 1:12 AM
☽△♅ 5:04 PM
☽□⚷ 5:06 PM
☿→♈ 8:41 PM

SUN 4 ♑

Last Qtr ◑ 14♑51 3:02 AM

☽□☉ 3:02 AM
☽□♀ 7:33 AM
☽✶♆ 2:54 PM
♃✶♀ 5:56 PM
☽□♀ 7:17 PM

Easter Sunday / Last Day of Passover

9 ♓→♈

☿☌⚷ 12:07 AM
☽□♂ 6:48 AM
☽☌♆ 7:03 AM
♂□♆ 12:17 PM
♀☌♀ 4:16 PM
☽✶♇ 4:48 PM v/c
☽→♈ 11:11 PM

10 ♈

☿✶♄ 8:08 AM
♀✶♃ 11:53 AM
☽☌⚷ 6:03 PM
☽✶♄ 11:00 PM

11 ♈

Aries New Moon ● 22♈24 7:30 PM

☽☌☿ 1:45 AM
☽☌☉ 7:30 PM
♀□♇ 8:20 PM
☽✶♂ 8:59 PM
☽☌♀ 10:51 PM

16 ♊

☽△♄ 12:52 AM
☉□♇ 6:26 AM
☿☌♀ 8:17 AM
☽□♆ 8:15 PM
♂△♃ 10:13 PM

17 ♊→♋

☽✶♀ 12:38 AM
☽✶☿ 4:04 AM
☽△♃ 4:52 AM
☽☌♂ 5:08 AM
☽✶☉ 8:02 AM v/c
☿✶♃ 8:59 AM
☿✶♂ 12:09 PM
☽→♋ 12:25 PM
☿□♇ 2:49 PM
☽✶♀ 8:49 PM

18 ♋

☽✶♅ 8:18 AM
☽□⚷ 8:24 AM
☉☌☿ 6:49 PM

23 ♍

☽△♀ 12:30 AM
♂→♋ 4:48 AM
☽☍♆ 8:09 PM
☿☌♅ 11:41 PM

24 ♍→♎

☽△♇ 3:49 AM v/c
☽→♎ 9:05 AM
☽□♂ 10:19 AM
♀□♄ 9:21 PM

25 ♎

☽☍⚷ 2:02 AM
☿□♄ 4:58 AM
☽△♄ 6:02 AM
☿☌♀ 3:19 PM

30 ♐→♑

☽✶♃ 6:26 AM v/c
☽→♑ 9:16 AM
☉☌♅ 12:53 PM
☽☍♂ 4:50 PM

1

2

FOCUS

GOALS

TASKS

☐
☐
☐
☐
☐
☐
☐
☐
☐
☐
☐
☐

MARCH 2021

M	T	W	TH	F	S	S
1	2	3	4	◑	6	7
8	9	10	11	12	●	14
15	16	17	18	19	20	◐
22	23	24	25	26	27	○
29	30	31				

MAY 2021

M	T	W	TH	F	S	S
					1	2
◑	4	5	6	7	8	9
10	●	12	13	14	15	16
17	18	◐	20	21	22	23
24	25	◉	27	28	29	30
31						

NOTES | APRIL 2021

MAY

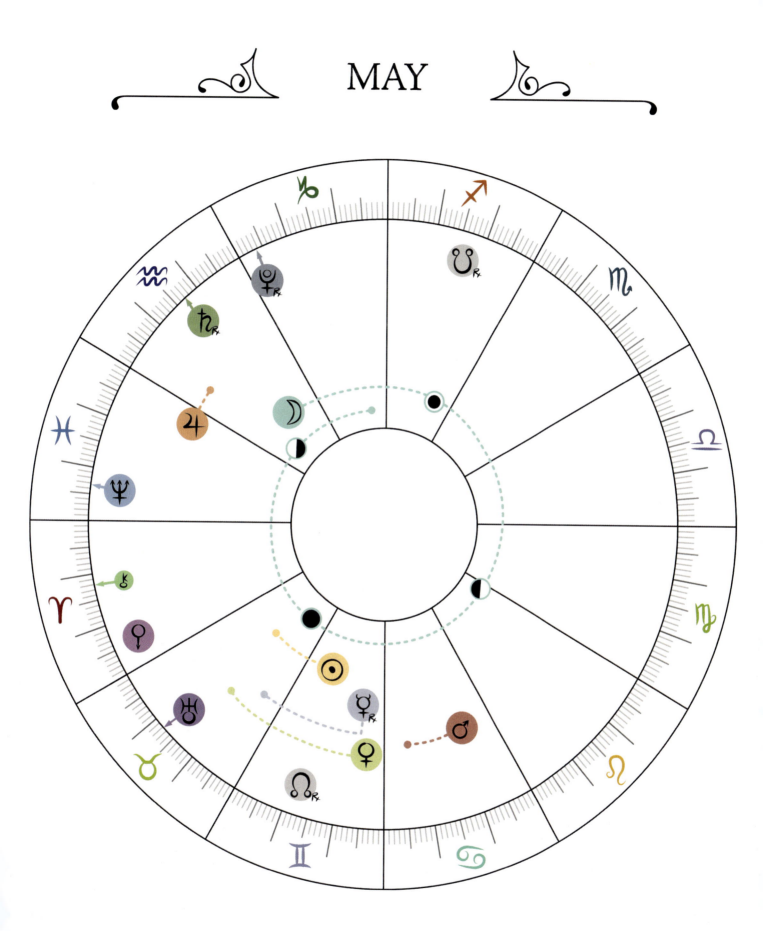

MAY

M	T	W	Th	F	S	S
					1	2
◐	4	5	6	7	8	9
10	●	12	13	14	15	16
17	18	◑	20	21	22	23
24	25	○	27	28	29	30
31						

5/3   12:50 PM   ◐ Last Quarter Square   ☽13♒35 □ ☉13♉35

5/11 11:59 AM   ● Taurus New Moon   ☽21♉17 ☌ ☉21♉17

5/19 12:12 PM   ◑ First Quarter Square   ☽29♌01 □ ☉29♉01

5/26 4:13 AM   ○ Sagittarius Full Moon (Flower Moon) Total Lunar Eclipse   ☽05♐25 ☍ ☉05♊25

Notable Aspects, Ingresses & Stations

5/2	☿△♇	Mercury Trine Pluto	26♉48' D	26♑48' R
	♀✶♆	Venus Sextile Neptune	22♉26' D	22♓26' D
5/3	☿□♃	Mercury Square Jupiter	28♉41' D	28♒41' D
	☉□♄	Sun Square Saturn	13♉11' D	13♒11' D
	☿→♊	Mercury Enters Gemini	00♊00' D	
5/6	♀△♇	Venus Trine Pluto	26♉47' D	26♑47' R
5/8	♀□♃	Venus Square Jupiter	29♉21' D	29♒21' D
	♀→♊	Venus Enters Gemini	00♊00' D	
5/10	☿✶⚷	Mercury Sextile Chiron	11♊12' D	11♈12' D
5/11	♂□⚷	Mars Square Chiron	11♋15' D	11♈15' D
	♂✶♅	Mars Sextile Uranus	11♋19' D	11♉19' D
5/12	☿△♄	Mercury Trine Saturn	13♊25' D	13♒25' D
	☉✶♆	Sun Sextile Neptune	22♉41' D	22♓41' D
5/13	♃→♓	Jupiter Enters Pisces	00♓00' D	
5/15	☿	Pre-Retrograde Shadow Begins	16♊07' D	
5/17	☉△♇	Sun Trine Pluto	26♉43' D	26♑43' R
5/18	♀✶⚷	Venus Sextile Chiron	11♊33' D	11♈33' D
5/19	♀△♄	Venus Trine Saturn	13♊30' D	13♒30' D
5/20	☉→♊	Sun Enters Gemini	00♊00' D	
5/21	☉□♃	Sun Square Jupiter	00♊46' D	00♓46' D
5/22	☿□♆	Mercury Square Neptune	22♊53' D	22♓53' D
5/23	♄ SR	Saturn Stations Retrograde	13♒31' R	
5/27	♀□♆	Venus Square Neptune	22♊58' D	22♓58' D
	☿✶⚸	Mercury Sextile Eris	24♊32' D	24♈32' D
5/28	♀✶⚸	Venus Sextile Eris	24♊33' D	24♈33' D
	☿☌♀	Mercury Conjunct Venus	24♊41' D	24♊41' D
5/29	☿ SR	Mercury Stations Retrograde	24♊43' R	
5/30	♂△♆	Mars Trine Neptune	23♋01' D	23♓01' D
5/31	☿✶⚸	Mercury Sextile Eris	24♊43' R	24♈34' D

ACTIVITY LOG | **MAY 2021**

1	S				
2	S				
3	M	◑			
4	T				
5	W		Cinco de Mayo		
6	Th				
7	F				
8	S				
9	S		Mother's Day		
10	M				
11	T	●			
12	W				
13	Th		Memorial Day		
14	F				
15	S				
16	S				
17	M				
18	T				
19	W	◐			
20	Th				
21	F				
22	S				
23	S				
24	M				
25	T				
26	W	◉			
27	Th				
28	F				
29	S				
30	S				
31	M				

MAY 2021 | GOALS & TASKS TO DO

GENERAL SCHEDULE | MAY 2021

	MON	TUES	WED	THURS	FRI	SAT	SUN
5							
6							
7							
8							
9							
10							
11							
12							
1							
2							
3							
4							
5							
6							
7							
8							
9							
10							
11							

MAY 2021

MON	TUES	WED	THURS
26	27	28	29
Last Qtr ◑ 13♒35 12:50 PM 3 ♒ ☿□♃ 2:33 AM ☉□♄ 3:01 AM ☽✱⚷ 7:51 AM ☽□♅ 7:51 AM ☽☌♄ 12:08 PM ☽□☉ 12:50 PM ☿→♊ 7:49 PM	4 ♒→♓ ☽✱⚳ 8:33 AM ☽□♀ 8:59 AM ☽☌♃ 5:05 PM v/c ☽→♓ 7:08 PM ☽□☿ 10:54 PM	5 ♓ ☽△♂ 9:07 AM ☽✱♅ 3:56 PM Cinco de Mayo	6 ♓ ☽✱☉ 1:41 AM ♀△♇ 4:24 AM ☽☌♆ 2:16 PM ☽✱♇ 10:34 PM
10 ♉ ☽✱♂ 2:11 PM ☽☌♅ 3:35 PM ☿✱⚷ 7:43 PM ☽□♄ 7:55 PM	Taurus New Moon ● 21♉17 11:59 AM 11 ♉ ☽☌☉ 11:59 AM ☽✱♆ 2:46 PM ♂□⚷ 4:53 PM ♂✱♅ 7:47 PM ☽△♇ 11:06 PM	12 ♉→♊ ☽□♃ 5:23 AM v/c ☽→♊ 5:42 AM ☿△♄ 11:33 AM ☽☌♀ 3:20 PM ☉✱♆ 10:45 PM	13 ♊ ☽✱⚷ 4:45 AM ☽△♄ 9:02 AM ☽☌☿ 11:32 AM ♃→♓ 3:36 PM
17 ♋→♌ ☉△♇ 2:48 AM v/c ☽→♌ 5:43 AM	18 ♌ ☽✱⚳ 3:42 AM ☽△⚷ 3:48 AM ☽□♅ 4:03 AM ⚳✱⚷ 4:43 AM ☽☍♄ 7:28 AM ☽✱☿ 7:55 PM	First Qtr ◐ 29♌01 12:12 PM 19 ♌→♍ ☽△⚳ 3:53 AM ☽□☉ 12:12 PM v/c ☽→♍ 1:59 PM ☽☍♃ 3:06 PM ⚳△♄ 6:58 PM	20 ♍ ☽△♅ 11:08 AM ☉→♊ 12:37 PM ☽□♀ 4:00 PM ☽✱♂ 7:57 PM
24 ♏ ☽☍♅ 3:15 PM ☽□♄ 5:35 PM	25 ♏→♐ ☽△♂ 3:00 AM ☽△♆ 8:30 AM ☽✱♇ 2:19 PM v/c ☽→♐ 7:39 PM ☽□♃ 9:29 PM	Sagittarius Full Moon Total Lunar Eclipse Flower Moon ◉ 05♐25 4:13 AM 26 ♐ ☽☍☉ 4:13 AM ☽△⚷ 2:28 PM ☽✱♄ 5:01 PM	27 ♐→♑ ☽☍♀ 7:43 AM ☽□♆ 8:05 AM ☽☍☿ 10:35 AM v/c ☽△⚳ 10:37 AM ♀□♆ 12:24 PM ☿✱⚳ 1:22 PM ☽→♑ 7:23 PM ☽✱♃ 9:31 PM
31 ♒ ☿✱⚳ 1:21 PM ☽△☿ 4:13 PM ☽✱⚳ 4:15 PM ☽△⚳ 11:13 PM v/c Memorial Day			

MAY 2021

FRI	SAT	SUN
30	1 ♑ ☽△♅ 3:12 AM ☽□⚷ 3:13 AM ☽△☉ 4:11 AM ☽△♀ 9:42 PM ☽✱♆ 11:15 PM	2 ♑→♒ ☿△♇ 2:18 AM ☽□⯱ 2:31 AM ☽☌♇ 6:53 AM ☽△☿ 7:37 AM v/c ☽→♒ 12:30 PM ♀✱♆ 3:38 PM
7 ♓→♈ ☽✱♀ 12:36 AM v/c ☽→♈ 4:52 AM ☽✱☿ 6:00 PM ☽□♂ 10:35 PM	8 ♈ ☽☌⚷ 2:48 AM ♀□♃ 6:37 AM ☽✱♄ 7:18 AM ♀→♊ 7:01 PM	9 ♈→♉ ☽☌⯱ 5:26 AM ☽□♇ 10:15 AM ☽✱♃ 3:50 PM v/c ☽→♉ 4:46 PM Mother's Day
14 ♊→♋ ☽□♆ 3:50 AM v/c ☽✱⯱ 7:17 AM ☽→♋ 6:30 PM ☽△♃ 6:45 PM	15 ♋ ☽□⚷ 5:21 PM ☽✱♅ 5:34 PM ☽☌♂ 10:05 PM	16 ♋ ☽△♆ 3:41 PM ☽□⯱ 6:57 PM ☽✱☉ 11:05 PM ☽☍♇ 11:22 PM
21 ♍→♎ ☽□☿ 4:47 AM ☽☍♆ 6:24 AM ☉□♃ 8:03 AM ☽△♇ 12:55 PM v/c ☽→♎ 6:35 PM ☽△☉ 8:46 PM	22 ♎ ☽☍⚷ 2:14 PM ☽△♄ 5:10 PM ☿□♆ 7:43 PM ☽△♀ 11:36 PM Last Day of Ramadan	23 ♎→♏ ☽□♂ 12:51 AM ♄SR 2:18 AM ☽△☿ 8:59 AM ☽☍⯱ 11:09 AM ☽□♇ 2:36 PM v/c ☽→♏ 8:00 PM ☽△♃ 9:37 PM
28 ♑ ☽□⚷ 2:54 PM ☽△♅ 3:21 PM ♀✱⯱ 7:30 PM ☿☌♀ 10:12 PM	29 ♑→♒ ☽☍♂ 7:35 AM ☽✱♆ 9:13 AM ☽□⯱ 11:51 AM ☽☌♇ 3:14 PM v/c ☿SR 3:34 PM ☽→♒ 9:04 PM	30 ♒ ☽△☉ 1:42 PM ☽✱⚷ 5:56 PM ☽□♅ 6:29 PM ☽☌♄ 8:25 PM ♂△♆ 10:15 PM

FOCUS

GOALS

TASKS

- ☐
- ☐
- ☐
- ☐
- ☐
- ☐
- ☐
- ☐
- ☐
- ☐
- ☐
- ☐

APRIL 2021

M	T	W	TH	F	S	S
			1	2	3	◑
5	6	7	8	9	10	●
12	13	14	15	16	17	18
19	◐	21	22	23	24	25
○	27	28	29	30		

JUNE 2021

M	T	W	TH	F	S	S
	1	◑	3	4	5	6
7	8	9	◉	11	12	13
14	15	16	◐	18	19	20
21	22	23	○	25	26	27
28	29	30				

NOTES | MAY 2021

JUNE

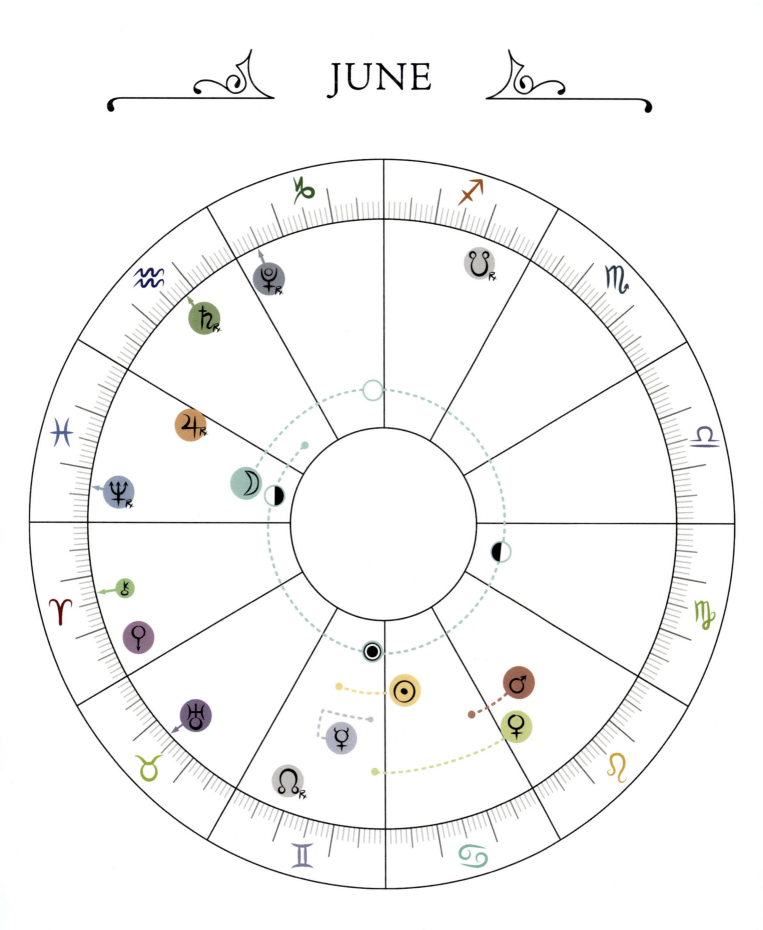

JUNE

M	T	W	Th	F	S	S
	1	◐	3	4	5	6
7	8	9	●	11	12	13
14	15	16	◑	18	19	20
21	22	23	○	25	26	27
28	29	30				

6/2 12:24 AM ◐ Last Quarter Square   ☽11♓59 □ ☉11♊59
6/10 3:52 AM ● Gemini New Moon Annular Solar Eclipse   ☽19♊47 ☌ ☉19♊47
6/17 8:54 PM ◑ First Quarter Square   ☽27♍09 □ ☉27♊09
6/24 11:39 AM ○ Capricorn Full Moon (Strawberry Moon)   ☽03♑27 ☍ ☉03♋27

Notable Aspects, Ingresses & Stations

6/2	☉ ✶ ⚷	Sun Sextile Chiron	12♊08' D	12♈08' D
	♀ → ♋	Venus Enters Cancer	00♋00' D	
	♂ □ ⚸	Mars Square Eris	24♋35' D	24♈35' D
6/3	☉ △ ♄	Sun Trine Saturn	13♊24' D	13♒24' R
	♀ △ ♃	Venus Trine Jupiter	01♋44' D	01♓44' D
6/5	☿ □ ♆	Mercury Square Neptune	23♊05' R	23♓05' D
	♂ ☍ ♇	Mars Opposition Pluto	26♋27' D	26♑27' R
6/10	☉ ☌ ☿	Sun Conjunct Mercury	20♊21' D	20♊21' R
6/11	♂ → ♌	Mars Enters Leo	00♌00' D	
6/12	♀ □ ⚷	Venus Square Chiron	12♋28' D	12♈28' D
	♀ ✶ ♅	Venus Sextile Uranus	13♋02' D	13♉02' D
6/13	☉ □ ♆	Sun Square Neptune	23♊09' D	23♓09' D
6/14	♄ □ ♅	Saturn Square Uranus	13♒06' R	13♉06' D
6/15	☉ ✶ ⚸	Sun Sextile Eris	24♊40' D	24♈40' D
6/20	♃ SR	Jupiter Stations Retrograde	02♓11' R	
	☉ → ♋	Sun Enters Cancer	00♋00' D	
6/21	♀ △ ♆	Venus Trine Neptune	23♋11' D	23♓11' D
6/22	♀ □ ⚸	Venus Square Eris	24♋43' D	24♈43' D
	☿ SD	Mercury Station Direct	16♊07' D	
6/23	☉ △ ♃	Sun Trine Jupiter	02♋10' D	02♓10' R
	♀ ☍ ♇	Venus Opposition Pluto	26♋06' D	26♑06' R
	♄ ✶ ⚷	Saturn Sextile Chiron	12♒43' R	12♈43' D
6/25	♆ SR	Neptune Stations Retrograde	23♓11' R	
6/26	♀ → ♌	Venus Enters Leo	00♌00' D	

ACTIVITY LOG | **JUNE 2021**

1	T				
2	W	◐			
3	Th				
4	F				
5	S				
6	S				
7	M				
8	T				
9	W				
10	Th	●			
11	F				
12	S				
13	S				
14	M				
15	T				
16	W				
17	Th	◑			
18	F				
19	S				
20	S		June Solstice Father's Day		
21	M				
22	T				
23	W				
24	Th	○			
25	F				
26	S				
27	S				
28	M				
29	T				
30	W				

JUNE 2021 | GOALS & TASKS TO DO

GENERAL SCHEDULE | JUNE 2021

	MON	TUES	WED	THURS	FRI	SAT	SUN
5							
6							
7							
8							
9							
10							
11							
12							
1							
2							
3							
4							
5							
6							
7							
8							
9							
10							
11							

JUNE 2021

MON	TUES	WED	THURS
31	1 ♒→♓ ☽→♓ 2:07 AM ☽☌♃ 5:04 AM	Last Qtr ◑ 11♓59 12:24 AM 2 ♓ ☽□☉ 12:24 AM ☽✶♅ 1:21 AM ☉✶⚷ 4:23 AM ♀→♋ 6:18 AM ♂□⯱ 11:43 AM ☽☌♆ 9:30 PM ☽□☿ 11:23 PM	3 ♓→♈ ☽△♂ 1:08 AM ☽✶♇ 4:10 AM v/c ☽→♈ 10:58 AM ☉△♄ 12:05 PM ☽□♀ 2:08 PM ♀△♃ 4:32 PM
7 ♉ ☽☌♅ 12:39 AM ☽□♄ 1:51 AM ☽✶♆ 9:46 PM	8 ♉→♊ ☽△♇ 4:30 AM ☽✶♂ 8:06 AM v/c ☽→♊ 11:47 AM ☽□♃ 3:47 PM	9 ♊ ☽✶⚷ 12:55 PM ☽△♄ 2:43 PM	Gemini New Moon Annular Solar Eclipse ◉ 19♊47 3:52 AM 10 ♊ ☽☌☉ 3:52 AM ☽☌☿ 5:37 AM ☽□♆ 10:37 AM v/c ☽✶⯱ 1:40 PM ☉☌☿ 6:12 PM
14 ♌ ☽△⚷ 11:20 AM ☽□♅ 12:27 PM ☽☍♄ 12:28 PM ♄□♅ 3:01 PM ☽✶☿ 9:57 PM	15 ♌→♍ ☉✶⯱ 6:51 AM ☽△⯱ 10:11 AM ☽✶☉ 10:27 AM v/c ☽→♍ 8:01 PM ☽☍♃ 11:59 PM	16 ♍ ☽△♅ 8:07 PM	First Qtr ◐ 27♍09 8:54 PM 17 ♍ ☽□☿ 3:16 AM ☽✶♀ 5:07 AM ☽☍♆ 1:54 PM ☽△♇ 7:18 PM ☽□☉ 8:54 PM v/c
21 ♍ ☽□♄ 2:08 AM ☽☍♅ 3:02 AM ♀△♆ 6:57 AM ☽△♆ 6:56 PM ☽△♀ 8:00 PM ☽✶♇ 11:43 PM v/c	22 ♍→♐ ☽→♐ 5:55 AM ☽□♃ 9:25 AM ♀□⯱ 1:06 PM ☿ SD 3:00 PM ☽△♂ 5:16 PM	23 ♐ ☽△⚷ 2:20 AM ☽✶♄ 2:25 AM ☉△♃ 3:11 AM ☽☍☿ 7:50 AM ♀☍♇ 4:39 PM ☽□♆ 7:08 PM v/c ♄✶⚷ 9:28 PM ☽△⯱ 9:36 PM	Capricorn Full Moon Strawberry Moon ○ 03♑27 11:39 AM 24 ♐→♑ ☽→♑ 6:04 AM ☽✶♃ 9:33 AM ☽☍☉ 11:39 AM
28 ♒→♓ ☽✶⯱ 1:32 AM ☽→♓ 10:50 AM ☽☌♃ 2:33 PM	29 ♓ ☽△☉ 12:53 AM ☽✶♅ 11:47 AM ☽□☿ 7:59 PM	30 ♓→♈ ☽☌♆ 5:24 AM ☽✶♇ 10:39 AM v/c ☽→♈ 6:21 PM	1

JUNE 2021

FRI	SAT	SUN	FOCUS
4 ♈︎ ☽ ☌ ⚷ 11:04 AM ☽ ✶ ♄ 1:24 PM ☽ ✶ ☉ 3:37 PM	**5** ♈︎→♉︎ ☽ ✶ ☿ 8:56 AM ☽ ☌ ♀ 11:54 AM ☿ ☐ ♆ 12:04 PM ♂ ☍ ♆ 12:45 PM ☽ ☐ ♆ 3:37 PM ☽ ☐ ♂ 3:47 PM v/c ☽ → ♉︎ 10:46 PM	**6** ♉︎ ☽ ✶ ♃ 2:32 AM ☽ ✶ ♀ 8:56 AM	
11 ♊︎→♋︎ ☽ → ♋︎ 12:22 AM ☽ △ ♃ 4:28 AM ♂ → ♌︎ 6:33 AM ☽ ☌ ♀ 11:59 PM	**12** ♋︎ ☽ ☐ ⚷ 1:06 AM ☽ ✶ ♃ 2:10 AM ♀ ☐ ⚷ 11:28 AM ☽ △ ♆ 10:05 PM ♀ ✶ ♅ 10:38 PM	**13** ♋︎→♌︎ ☽ ☐ ♀ 1:02 AM ☽ ☍ ♇ 4:16 AM v/c ☽ → ♌︎ 11:22 AM ☽ ☌ ♂ 2:07 PM ☉ ☐ ♆ 4:39 PM	**GOALS**
18 ♍︎→♎︎ ☽ → ♎︎ 1:53 AM ☽ ✶ ♂ 9:32 AM ☽ ☍ ⚷ 11:42 PM	**19** ♎︎ ☽ △ ♄ 12:15 AM ☽ △ ☿ 6:22 AM ☽ ☐ ♀ 2:07 PM ☽ ☍ ♃ 8:08 PM ☽ ☐ ♅ 10:37 PM	**20** ♎︎→♏︎ ☽ △ ☉ 3:51 AM v/c ☽ → ♏︎ 4:57 AM ♃ SR 8:04 AM ☽ △ ♃ 8:35 AM ☽ ☐ ♂ 2:29 PM ☉ → ♋︎ 8:32 PM June Solstice / Father's Day	**TASKS** ☐ ☐
25 ♑︎ ☽ ☐ ⚷ 2:43 AM ☽ △ ♅ 4:03 AM ♆ SR 12:21 PM ☽ ✶ ♆ 7:50 PM ☽ ☐ ♀ 10:23 PM	**26** ♑︎→♒︎ ☽ ☌ ♇ 12:35 AM ☽ ☍ ♀ 5:49 AM v/c ☽ → ♒︎ 7:08 AM ♀ → ♌︎ 9:26 AM ☽ ☍ ♂ 11:29 PM	**27** ♒︎ ☽ ☌ ♄ 4:23 AM ☽ ✶ ⚷ 4:45 AM ☽ ☐ ♅ 6:16 AM ☽ △ ☿ 12:07 PM v/c	☐ ☐ ☐ ☐ ☐ ☐
2	**3**	**4**	☐ ☐ ☐ ☐

MAY 2020

M	T	W	TH	F	S	S
				1	2	
◐	4	5	6	7	8	9
10	●	12	13	14	15	16
17	18	◑	20	21	22	23
24	25	○	27	28	29	30
31						

JULY 2021

M	T	W	TH	F	S	S
			◐	2	3	4
5	6	7	8	●	10	11
12	13	14	15	16	◑	18
19	20	21	22	○	24	25
26	27	28	29	30	◐	

NOTES | JUNE 2021

JULY

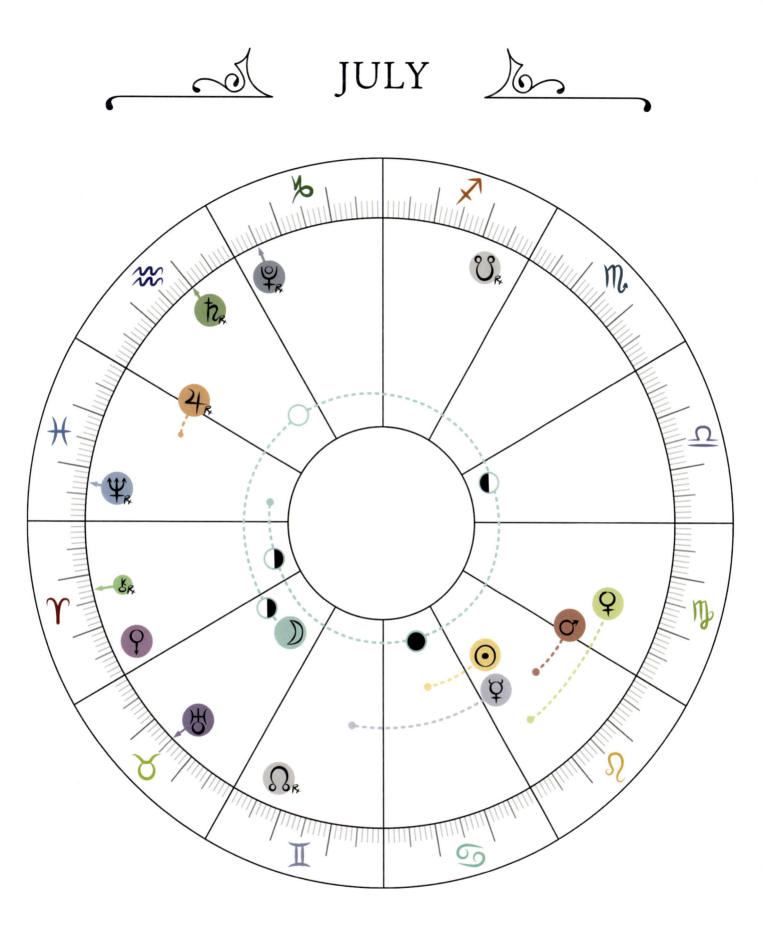

JULY

M	T	W	Th	F	S	S
			◑	2	3	4
5	6	7	8	●	10	11
12	13	14	15	16	◐	18
19	20	21	22	○	24	25
26	27	28	29	30	◑	

7/1	2:10 PM	◑	Last Quarter Square	☽10♈14 □ ☉12♒20
7/9	6:16 PM	●	Cancer New Moon	☽18♋01 ☌ ☉ 18♋01
7/17	3:10 AM	◐	First Quarter Square	☽25♎03 □ ☉ 25♋03
7/23	7:36 PM	○	Aquarius Full Moon (Buck Moon)	☽01♒26 ☍ ☉ 01♌26
7/31	6:15 AM	◑	Last Quarter Square	☽08♉33 □ ☉08♌33

Notable Aspects, Ingresses & Stations

7/1	♂☍♄	Mars Opposition Saturn	12♌20' D	12♒20' R
7/2	♂△⚷	Mars Trine Chiron	12♌51' D	12♈51' D
7/3	♂□♅	Mars Square Uranus	13♌54' D	13♉54' D
7/4	☉□⚷	Sun Square Chiron	12♋52' D	12♈52' D
7/5	☉⚹♅	Sun Sextile Uranus	13♋58' D	13♉58' D
7/6	☿□♆	Mercury Square Neptune	23♊10' D	23♓10' R
	♀☍♄	Venus Opposition Saturn	12♌01' D	12♒01' R
7/7	☿	Post-Retrograde Shadow Ends	24♊43' D	
	♀△⚷	Venus Trine Chiron	12♌54' D	12♈54' D
	☿⚹⯰	Mercury Sextile Eris	24♊46' D	24♈46' D
7/8	♀□♅	Venus Square Uranus	14♌04' D	14♉04' D
7/11	☿→♋	Mercury Enters Cancer	00♋00' D	
7/12	☿△♃	Mercury Trine Jupiter	01♋24' D	01♓24' R
7/13	♀☌♂	Venus Conjunct Mars	19♌48' D	19♌48' D
7/15	☉△♆	Sun Trine Neptune	23♋05' D	23♓05' R
	⚷SR	Chiron Stations Retrograde	12♈55' R	
7/16	☉□⯰	Sun Square Eris	24♋47' D	24♈47' D
7/17	♀△⯰	Venus Trine Eris	24♌47' D	24♈47' D
	☉☍♇	Sun Opposition Pluto	25♋33' D	25♑33' R
7/19	☿□⚷	Mercury Square Chiron	12♋55' D	12♈55' R
7/20	☿⚹♅	Mercury Sextile Uranus	14♋24' D	14♉24 D
7/21	⯰SR	Eris Stations Retrograde	24♈47' R	R
	♂△⯰	Mars Trine Eris	24♌47' D	24♈47' R
	♀→♍	Venus Enters Virgo	00♍00' D	
7/22	♀☍♃	Venus Opposition Jupiter	00♍36' D	00♓36' R
	☉→♌	Sun Enters Leo	00♌00' D	
7/24	☿△♆	Mercury Trine Neptune	22♋58' D	22♓58' R
7/25	☿□⯰	Mercury Square Eris	24♋47' D	24♈47' R
	☿☍♇	Mercury Opposition Pluto	25♋22' D	25♑22' R
7/27	☿→♌	Mercury Enters Leo	00♌00' D	
7/28	♃→♒	Jupiter Enters Aquarius	00♓00' R	
7/29	♂☍♃	Mars Opposition Jupiter	29♌52' D	29♒52' R
	♂→♍	Mars Enters Virgo	00♍00' D	

ACTIVITY LOG | **JULY 2021**

1	Th	◐			
2	F				
3	S				
4	S		Independence Day		
5	M		Independence Day (Observed)		
6	T				
7	W				
8	Th				
9	F	●			
10	S				
11	S				
12	M				
13	T				
14	W				
15	Th				
16	F				
17	S	◐			
18	S				
19	M				
20	T				
21	W				
22	Th				
23	F	○			
24	S				
25	S				
26	M				
27	T				
28	W				
29	Th				
30	F				
31	S	◐			

JULY 2021 | GOALS & TASKS TO DO

GENERAL SCHEDULE | **JULY 2021**

	MON	TUES	WED	THURS	FRI	SAT	SUN
5							
6							
7							
8							
9							
10							
11							
12							
1							
2							
3							
4							
5							
6							
7							
8							
9							
10							
11							

JULY 2021

MON	TUES	WED	THURS
28	29	30	1 Last Qtr ◑ 10♈14 2:10 PM ♈ ☽△♀ 4:22 AM ♂☍♄ 6:08 AM ☽□☉ 2:10 PM ☽✶♄ 6:15 PM ☽△♂ 6:58 PM ☽☌⚷ 7:18 PM
5 ♉→♊ ☽✶♆ 4:29 AM ☽△♇ 9:56 AM v/c ☉✶♅ 12:14 PM ☽→♊ 6:23 PM ☽□♃ 10:03 PM US Independence Day Observed	6 ♊ ☿□♆ 12:39 AM ☽✶♀ 6:41 PM ☽△♄ 6:47 PM ♀☍♄ 7:35 PM ☽✶⚷ 8:33 PM	7 ♊ ☽✶♂ 2:47 AM ☿✶⚵ 12:00 PM ♀△⚷ 1:08 PM ☽□♆ 5:12 PM ☽✶⚵ 8:26 PM ☽☌☿ 9:19 PM v/c	8 ♊→♋ ☽→♋ 6:50 AM ☽△♃ 10:09 AM ♀□♅ 12:25 PM
12 ♌ ☽☌♀ 4:14 AM ☽☌♂ 5:29 AM v/c ☿△♃ 12:45 PM ☽△⚵ 3:54 PM	13 ♌→♍ ☽→♍ 1:30 AM ☽☍♃ 4:00 AM ☽✶☿ 6:04 AM ♀☌♂ 6:32 AM	14 ♍ ☽△♅ 3:24 AM ☽✶☉ 6:46 PM ☽☍♆ 7:16 PM ☽△♇ 11:46 PM v/c	15 ♍→♎ ☉△♆ 1:48 AM ☽→♎ 7:31 AM ⚷SR 9:40 AM ☽□☿ 7:09 PM
19 ♏→♐ ☽△♆ 2:33 AM ☽□♂ 3:15 AM ☽✶♇ 6:40 AM ☿□⚷ 7:51 AM ☽□♀ 9:27 AM ☽△☉ 9:30 AM v/c ☽→♐ 2:07 PM ☽□♃ 3:31 PM	20 ♐ ☿✶♅ 2:37 AM ☽✶♄ 8:31 AM ☽△⚷ 11:30 AM	21 ♐→♑ ⚵SR 2:07 AM ☽□♆ 4:08 AM ♂△⚵ 5:53 AM ☽△⚵ 7:02 AM ☽△♂ 7:05 AM ☽△♀ 3:25 PM v/c ☽→♑ 3:36 PM ☽✶♃ 4:41 PM ♀→♍ 5:36 PM	22 ♑ ♀☍♃ 5:44 AM ☉→♌ 7:26 AM ☽□⚷ 12:50 PM ☽△♅ 3:25 PM
26 ♓ ☽☍♀ 6:04 AM ☽✶♅ 10:27 PM	27 ♓ ☽☌♆ 1:47 PM ☿→♌ 6:11 PM ☽✶♇ 6:12 PM v/c	28 ♓→♈ ☽→♈ 2:57 AM ☽△☿ 4:41 AM ♃→♒ 5:42 AM ☽△☉ 2:18 PM ☽✶♄ 10:53 PM	29 ♈ ☽☌⚷ 3:26 AM ♂☍♃ 8:50 AM ♂→♍ 1:32 PM

JULY 2021

FRI	SAT	SUN
2 ♈ ♂△⚷ 1:41 AM ☽✶☿ 9:12 AM ☽☌⯱ 6:56 PM ☽□♇ 9:14 PM v/c	**3** ♈→♉ ☽→♉ 5:27 AM ☽✶♃ 9:19 AM ♂□♅ 6:39 PM ☽□♀ 10:44 PM	**4** ♉ ☽□♄ 6:06 AM ☽✶☉ 7:26 AM ☉□⚷ 8:38 AM ☽☌♅ 9:40 AM ☽□♂ 10:28 AM US Independence Day
9 ♋ Cancer New Moon ● 18♋01 6:16 PM ☽□⚷ 8:18 AM ☽✶♅ 10:38 AM ☽☌☉ 6:16 PM	**10** ♋→♌ ☽△♆ 4:10 AM ☽□⯱ 7:20 AM ☽☍♇ 9:10 AM v/c ☽→♌ 5:20 PM	**11** ♌ ☿→♋ 1:35 PM ☽☍♄ 3:32 PM ☽△⚷ 5:49 PM ☽□♅ 8:10 PM
16 ♎ ☽△♄ 3:32 AM ☽☍⚷ 6:12 AM ☉□⯱ 8:23 PM ☽✶♂ 10:04 PM	**17** ♎→♏ First Qtr ◐ 25♎03 3:10 AM ☽✶♀ 2:03 AM ☽☍⯱ 2:42 AM ☽□☉ 3:10 AM ☽□♇ 4:03 AM v/c ♀△⯱ 9:37 AM ☽→♏ 11:38 AM ☽△♃ 1:23 PM ☉☍♇ 3:46 PM	**18** ♏ ☽△☿ 6:13 AM ☽□♄ 6:45 AM ☽☍♅ 11:59 AM
23 ♑→♒ Aquarius Full Moon Buck Moon ○ 01♒26 7:36 PM ☽☍☿ 12:53 AM ☽✶♆ 5:32 AM ☽□⯱ 8:31 AM ☽☌♇ 9:34 AM v/c ☽→♒ 5:12 PM ☽☍☉ 7:36 PM	**24** ♒ ☿△♆ 9:35 AM ☽☌♄ 11:24 AM ☽✶⚷ 2:56 PM ☽□♅ 5:42 PM	**25** ♒→♓ ☿□⯱ 6:32 AM ☽✶⯱ 11:23 AM ☿☍♇ 1:14 PM ☽☍♂ 4:13 PM v/c ☽→♓ 8:29 PM ☽☌♃ 8:55 PM
30 ♈→♉ ☽☌⯱ 2:46 AM ☽□♇ 3:43 AM ☽✶♃ 12:37 PM v/c ☽→♉ 1:07 PM ☽△♂ 2:25 PM	**31** ♉ Last Qtr ◑ 08♉33 6:15 AM ☽□☿ 3:24 AM ☽□☉ 6:15 AM ☽□♄ 9:47 AM ☽△♀ 12:40 PM ☽☌♅ 6:34 PM	**1**

FOCUS

GOALS

TASKS

- ☐
- ☐
- ☐
- ☐
- ☐
- ☐
- ☐
- ☐
- ☐
- ☐
- ☐
- ☐

JUNE 2021

M	T	W	TH	F	S	S
	1	◑	3	4	5	6
7	8	9	◉	11	12	13
14	15	16	◐	18	19	20
21	22	23	○	25	26	27
28	29	30				

AUGUST 2021

M	T	W	TH	F	S	S
						1
2	3	4	5	6	7	●
9	10	11	12	13	14	◐
16	17	18	19	20	21	○
23	24	25	26	27	28	29
◑	31					

NOTES | JULY 2021

AUGUST

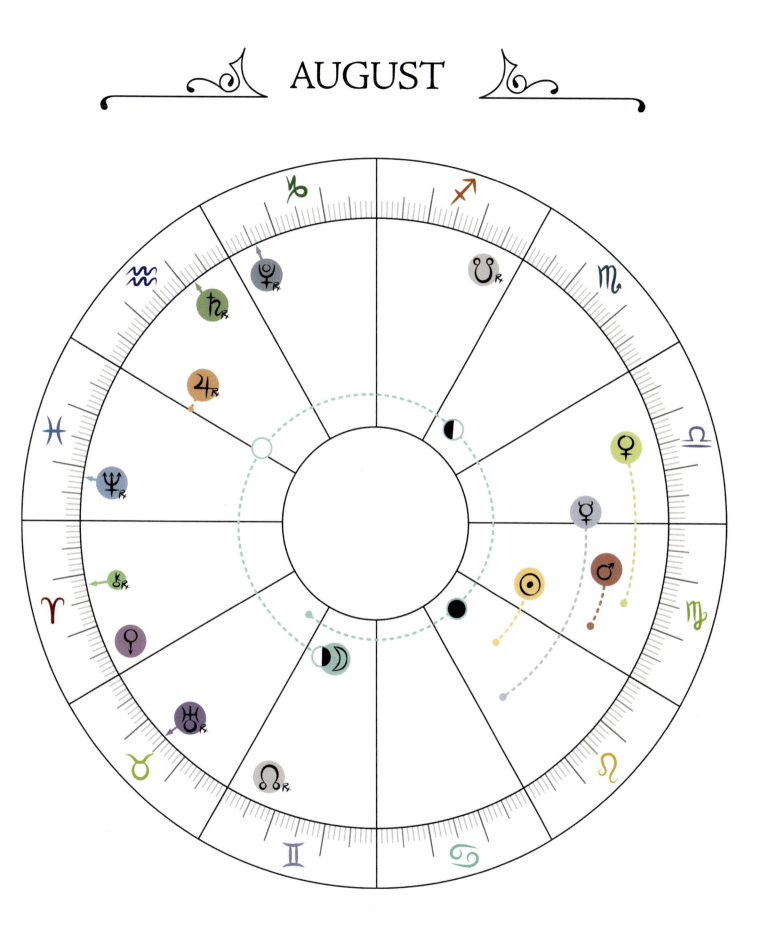

AUGUST

M	T	W	Th	F	S	S
						1
2	3	4	5	6	7	●
9	10	11	12	13	14	◐
16	17	18	19	20	21	○
23	24	25	26	27	28	29
◑	31					

8/8   6:50 AM   ● Leo New Moon   ☽16♌14 ☌ ☉16♌14
8/15 8:19 AM   ◐ First Quarter Square   ☽23♏00 □ ☉23♏00
8/22 5:01 AM   ○ Aquarius Full Moon (Sturgeon Moon)   ☽29♒37 ☍ ☉29♒37
8/30 12:13 AM ◑ Last Quarter Square   ☽07♊08 □ ☉07♍08

Notable Aspects, Ingresses & Stations

8/1	☉☌☿	Sun Conjunct Mercury	09♌32' D	09♌32' D
	☿☍♄	Mercury Opposition Saturn	10♌12' D	10♒12' R
	☉☍♄	Sun Opposition Saturn	10♌11' D	10♒11' R
8/2	☿△⚷	Mercury Trine Chiron	12♌47' D	12♈47' R
	♀△♅	Venus Trine Uranus	14♍40' D	14♉40' D
8/3	☿□♅	Mercury Square Uranus	14♌41' D	14♉41' D
8/4	☉△⚷	Sun Trine Chiron	12♌45' D	12♈45' R
8/6	☉□♅	Sun Square Uranus	14♌43' D	14♉43' D
8/8	☿△♀	Mercury Trine Eris	24♌45' D	24♈45' R
8/9	♀☍♆	Venus Opposition Neptune	22♍41' D	22♓41' R
8/10	☿☍♃	Mercury Opposition Jupiter	28♌23' D	28♒23' R
8/11	☿→♍	Mercury Enters Virgo	00♍00' D	
	♀△♇	Venus Trine Pluto	24♍58' D	24♑58' R
8/15	♀→♎	Venus Enters Libra	00♎00' D	
8/17	☉△♀	Sun Trine Eris	24♌43' D	24♈43' R
8/18	☿☌♂	Mercury Conjunct Mars	12♍48' D	12♍48' D
8/19	☉☍♃	Sun Opposition Jupiter	27♌13' D	27♒13' R
	♅ SR	Uranus Stations Retrograde	14♉47' R	
8/20	☿△♅	Mercury Trine Uranus	14♍47' D	14♉47' D
8/21	♂△♅	Mars Trine Uranus	14♍47' D	14♉47' D
8/22	☉→♍	Sun Enters Virgo	00♍00' D	
8/23	♀△♄	Venus Trine Saturn	08♎39' D	08♒39' R
8/24	☿☍♆	Mercury Opposition Neptune	22♍19' D	22♓19' R
8/26	♀☍⚷	Venus Opposition Chiron	12♎12' D	12♈12' R
	☿△♇	Mercury Trine Pluto	24♍41' D	24♑41' R
8/27	♇□♀	Pluto Square Eris	24♑40' R	24♈40' R
8/29	☿→♎	Mercury Enters Libra	00♎00' D	

ACTIVITY LOG | AUGUST 2021

#	Day				
1	S				
2	M				
3	T				
4	W				
5	Th				
6	F				
7	S				
8	S	●			
9	M				
10	T				
11	W				
12	Th				
13	F				
14	S				
15	S	◐			
16	M				
17	T				
18	W				
19	Th				
20	F				
21	S				
22	S	○			
23	M				
24	T				
25	W				
26	Th				
27	F				
28	S				
29	S				
30	M	◑			
31	T				

AUGUST 2021 | GOALS & TASKS TO DO

GENERAL SCHEDULE | **AUGUST 2021**

	MON	TUES	WED	THURS	FRI	SAT	SUN
5							
6							
7							
8							
9							
10							
11							
12							
1							
2							
3							
4							
5							
6							
7							
8							
9							
10							
11							

AUGUST 2021

MON	TUES	WED	THURS
26	27	28	29
2 ♉→♊ ☽□♃ 12:40 AM v/c ☽→♊ 1:46 AM ☽□♂ 6:30 AM ☿△⚷ 8:41 PM ☽△♄ 10:19 PM ♀△♅ 11:53 PM	3 ♊ ☽✱☉ 12:30 AM ☽✱⚷ 3:43 AM ☽✱☿ 5:12 AM ☽□♀ 8:24 AM ☿□♅ 6:56 PM ☽□♆ 11:54 PM	4 ♊→♋ ☽✱♀ 3:51 AM ☽△♃ 12:37 PM v/c ☽→♋ 2:17 PM ☉△⚷ 3:41 PM ☽✱♂ 10:12 PM	5 ♋ ☽□⚷ 3:21 PM ☽✱♅ 7:12 PM
9 ♌→♍ ☽☍♃ 5:22 AM v/c ☽→♍ 7:55 AM ♀☍♆ 5:19 PM ☽☌♂ 8:42 PM	10 ♍ ☽△♅ 10:18 AM ☿☍♃ 6:19 PM	11 ♍→♎ ☽☍♆ 12:15 AM ☽☌♀ 3:15 AM ☽△♇ 4:21 AM v/c ☽→♎ 1:07 PM ☿→♍ 2:56 PM ♀△♇ 3:45 PM	12 ♎ ☽△♄ 5:32 AM ☽☍⚷ 11:02 AM
16 ♐ ☽□☿ 10:56 AM ☽✱♄ 11:39 AM ☽□♂ 3:31 PM ☽△⚷ 5:21 PM	17 ♐→♑ ☉△♀ 3:04 AM ☽□♆ 10:18 AM ☽△♀ 2:03 PM ☽△☉ 2:51 PM ☽✱♃ 6:42 PM v/c ☽→♑ 10:57 PM	18 ♑ ☽□♀ 3:27 AM ☽□⚷ 7:59 PM ☿☌♂ 8:27 PM ☽△♂ 8:36 PM ☽△☿ 8:37 PM ☽△♅ 11:58 PM	19 ♑ ☽✱♆ 12:59 PM ☽□♀ 4:48 PM ☽☌♇ 4:59 PM v/c ☉☍♃ 5:28 PM ♅SR 6:40 PM
23 ♓ ♀△♄ 5:48 AM ☽✱♅ 8:04 AM ☽☍♂ 9:42 AM ☽☍☿ 7:02 PM ☽☌♆ 9:49 PM	24 ♓→♈ ☽✱♇ 2:12 AM v/c ☽→♈ 11:56 AM ☿☍♆ 6:13 PM	25 ♈ ☽✱♄ 3:57 AM ☽☍♀ 8:56 AM ☽☌⚷ 10:59 AM	26 ♈→♉ ♀☍⚷ 6:24 AM ☿△♇ 7:23 AM ☽☌♀ 11:00 AM ☽□♇ 11:01 AM ☽✱♃ 2:14 PM v/c ☽→♉ 9:26 PM
Last Qtr ◐ 07♊08 12:13 AM 30 ♊ ☽□☉ 12:13 AM ☽△♄ 2:25 AM ☽✱⚷ 10:14 AM ☽△♀ 9:30 PM	31 ♊→♋ ☽□♂ 3:35 AM ☽□♆ 6:40 AM ☽✱♀ 11:41 AM ☽△♃ 1:48 PM v/c ☽→♋ 10:25 PM		

AUGUST 2021

FRI	SAT	SUN
30	31	1 ♉ ☉☌☿ 7:07 AM ☽✶♆ 11:13 AM ☿☍♄ 2:50 PM ☽△♇ 4:00 PM ☉☍♄ 11:14 PM
6 ♋ ☽✶♀ 2:17 AM ☽△♆ 10:43 AM ☽□♀ 2:34 PM ☽☍♇ 3:11 PM v/c ☉□♅ 4:57 PM	7 ♋→♌ ☽→♌ 12:31 AM ☽☍♄ 6:49 PM	Leo New Moon ● 16♌14 6:50 AM 8 ♌ ☽△⚷ 12:17 AM ☽□♅ 4:04 AM ☽☌☉ 6:50 AM ☿△♀ 8:33 PM ☽△♀ 10:26 PM ☽☌☿ 10:45 PM
13 ♎→♏ ☽✶☉ 1:13 AM ☽☍♀ 7:59 AM ☽□♇ 8:20 AM ☽△♃ 1:38 PM v/c ☽→♏ 5:01 PM	14 ♏ ☽✶☿ 12:33 AM ☽□♄ 8:53 AM ☽✶♂ 10:07 AM ☽☍♅ 6:18 PM	First Qtr ◐ 23♏00 8:19 AM 15 ♏→♐ ☽△♆ 7:33 AM ☽□☉ 8:19 AM ☽✶♇ 11:32 AM ☽□♃ 4:23 PM ☽✶♀ 8:04 PM v/c ☽→♐ 8:11 PM ♀→♎ 9:26 PM
20 ♑→♒ ☿△♅ 1:05 AM ☽→♒ 1:48 AM ☽△♀ 11:01 AM ☽☌♄ 4:55 PM ☽✶⚷ 11:01 PM	21 ♒ ☽□♅ 3:11 AM ☽✶♀ 8:24 PM ♂△♅ 11:37 PM	Aquarius Full Moon Sturgeon Moon ○ 29♒37 5:01 AM 22 ♒→♓ ☽☌♃ 12:18 AM ☽☍☉ 5:01 AM v/c ☽→♓ 5:42 AM ☉→♍ 2:34 PM
27 ♉ ☽△☉ 6:19 AM ☽□♄ 2:04 PM ♇□♀ 8:12 PM	28 ♉ ☽☌♅ 2:51 AM ☽△♂ 11:14 AM ☽✶♆ 5:55 PM ☽△♇ 10:50 PM	29 ♉→♊ ☽□♃ 1:36 AM ☽△☿ 7:58 AM v/c ☽→♊ 9:41 AM ☿→♎ 10:09 PM

FOCUS

GOALS

TASKS

- [ ]
- [ ]
- [ ]
- [ ]
- [ ]
- [ ]
- [ ]
- [ ]
- [ ]
- [ ]
- [ ]
- [ ]

JULY 2021

M	T	W	TH	F	S	S
			◑	2	3	4
5	6	7	8	●	10	11
12	13	14	15	16	◐	18
19	20	21	22	○	24	25
26	27	28	29	30	◑	

SEPTEMBER 2021

M	T	W	TH	F	S	S
		1	2	3	4	5
●	7	8	9	10	11	12
◐	14	15	16	17	18	19
○	21	22	23	24	25	26
27	◑	29	30			

NOTES | AUGUST **2021**

SEPTEMBER

SEPTEMBER

M	T	W	Th	F	S	S
		1	2	3	4	5
●	7	8	9	10	11	12
◐	14	15	16	17	18	19
○	21	22	23	24	25	26
27	◑	29	30			

9/6 5:51 PM ● Virgo New Moon ☽ 14♍38 ☌ ☉ 14♍38
9/13 1:39 PM ◐ First Quarter Square ☽ 21♐16 □ ☉ 21♍16
9/20 4:54 PM ○ Pisces Full Moon (Harvest Moon) ☽ 28♓13 ☍ ☉ 28♍13
9/28 6:57 PM ◑ Last Quarter Square ☽ 06♋08 □ ☉ 06♎08

Notable Aspects, Ingresses & Stations

9/2	♂ ☍ ♆	Mars Opposition Neptune	22♍06' D	22♓06' R
9/4	☿ △ ♄	Mercury Trine Saturn	07♎54' D	07♒54' R
9/5	♀ □ ♇	Venus Square Pluto	24♎31' D	24♑31' R
	♀ ☍ ⚸	Venus Opposition Eris	24♎36' D	24♈36' R
9/6	♂ △ ♇	Mars Trine Pluto	24♍31' D	24♑31' R
	♀ △ ♃	Venus Trine Jupiter	25♎00' D	25♒00' R
	☉ △ ♅	Sun Trine Uranus	14♍39' D	14♉39' R
9/7	☿	Pre-Retrograde Shadow Begins	10♎01' D	
	☿ ☍ ⚷	Mercury Opposition Chiron	11♎45' D	11♈45' R
9/10	♃ ✶ ⚸	Jupiter Sextile Eris	24♒34' R	24♈34' R
	♀ → ♏	Venus Enters Scorpio	00♏00' D	
9/14	☉ ☍ ♆	Sun Opposition Neptune	21♍47' D	21♓47' R
	♂ → ♎	Mars Enters Libra	00♎00' D	
9/16	☉ △ ♇	Sun Trine Pluto	24♍24' D	24♑24' R
	♀ □ ♄	Venus Square Saturn	07♏20' D	07♒20' R
9/20	☿ △ ♃	Mercury Trine Jupiter	23♎32' D	23♒32' R
9/22	☿ □ ♇	Mercury Square Pluto	24♎21' D	24♑21' R
	☿ ☍ ⚸	Mercury Opposition Eris	24♎28' D	24♈28' R
	☉ → ♎	Sun Enters Libra	00♎00' D	
9/23	♀ ☍ ♅	Venus Opposition Uranus	14♏19' D	14♉19' R
9/25	♂ △ ♄	Mars Trine Saturn	07♎04' D	07♒04' R
9/26	☿ SR	Mercury Stations Retrograde	25♎28' R	
9/29	♀ △ ♆	Venus Trine Neptune	21♏22' D	21♓22' R
	☉ △ ♄	Sun Trine Saturn	06♎59' D	06♒59' R
9/30	♀ □ ♃	Venus Square Jupiter	22♏49' D	22♒49' R

ACTIVITY LOG | **SEPTEMBER 2021**

1	W				
2	Th				
3	F				
4	S				
5	S				
6	M	●	Labor Day		
7	T				
8	W				
9	Th				
10	F				
11	S				
12	S				
13	M	◐			
14	T				
15	W				
16	Th				
17	F				
18	S				
19	S				
20	M	○			
21	T				
22	W		September Equinox		
23	Th				
24	F				
25	S				
26	S				
27	M				
28	T	◐			
29	W				
30	Th				

SEPTEMBER 2021 | GOALS & TASKS TO DO

GENERAL SCHEDULE | SEPTEMBER 2021

	MON	TUES	WED	THURS	FRI	SAT	SUN
5							
6							
7							
8							
9							
10							
11							
12							
1							
2							
3							
4							
5							
6							
7							
8							
9							
10							
11							

SEPTEMBER 2021

MON	TUES	WED	THURS
30	31	1 ♋ ☽□☿ 4:46 AM ☽✱☉ 5:52 PM ☽□⚷ 10:11 PM	2 ♋ ☽✱♅ 3:32 AM ♂☍♆ 10:42 AM ☽□♀ 3:24 PM ☽△♆ 5:51 PM ☽✱♂ 6:16 PM ☽☍♇ 10:37 PM v/c ☽□♀ 10:43 PM
Virgo New Moon ● 14♍38 5:51 PM 6 ♍ ♂△♇ 5:19 AM ♀△♃ 6:05 AM ☽☌☉ 5:51 PM ☽△♅ 5:54 PM ☉△♅ 6:28 PM Labor Day	7 ♍→♎ ☽☍♆ 6:34 AM ☽△♇ 10:56 AM ☽☌♂ 12:23 PM v/c ☽→♎ 8:20 PM ☿☍⚷ 9:30 PM Rosh Hashana	8 ♎ ☽△♄ 9:28 AM ☽☍⚷ 4:15 PM ☽☌☿ 6:00 PM	9 ♎→♏ ☽□♇ 1:47 PM ☽☍♀ 1:57 PM ☽△♃ 2:03 PM ☽☌♀ 9:47 PM v/c ☽→♏ 11:04 PM
First Qtr ◐ 21♐16 1:39 PM 13 ♐ ☽✱☿ 7:30 AM ☽□☉ 1:39 PM ☽□♆ 2:33 PM ☽✱♃ 6:37 PM ☽△♀ 7:14 PM	14 ♐→♑ ☉☍♆ 2:20 AM ☽□♂ 3:57 AM v/c ☽→♑ 4:34 AM ☽✱♀ 12:20 PM ♂→♎ 5:13 PM	15 ♑ ☽□⚷ 12:15 AM ☽△♅ 5:30 AM ☽□☿ 2:40 PM ☽✱♆ 6:01 PM ☽△☉ 9:06 PM ☽☌♇ 10:39 PM v/c ☽□♀ 10:51 PM	16 ♑→♒ ☽→♒ 8:23 AM ☽△♂ 10:18 AM ☉△♇ 6:52 PM ☽□♀ 9:02 PM ☽☌♄ 9:13 PM ♀□♄ 11:14 PM Yom Kippur
Pisces Full Moon Harvest Moon ○ 28♓13 4:54 PM 20 ♓→♈ ☽☌♆ 4:39 AM ☽✱♇ 9:45 AM ☿△♃ 3:52 PM ☽☍☉ 4:54 PM v/c ☽→♈ 8:12 PM	21 ♈ ☽☍♂ 4:02 AM ☽✱♄ 9:43 AM ☽☌⚷ 5:16 PM	22 ♈ ☿□♇ 6:11 AM ☿☍♀ 12:06 PM ☉→♎ 12:21 PM ☽✱♃ 4:42 PM ☽□♇ 6:37 PM ☽☌♀ 6:50 PM ☽☍♀ 7:04 PM v/c September Equinox	23 ♈→♉ ♀☍♅ 2:40 AM ☽→♉ 5:38 AM ☽□♄ 7:39 PM
27 ♊ ☽□♆ 1:10 PM ☽△♃ 4:24 PM ☽✱♀ 7:16 PM ☽△☿ 9:18 PM v/c	Last Qtr ◑ 06♋08 6:57 PM 28 ♊→♋ ☽→♋ 6:34 AM ☽□☉ 6:57 PM	29 ♋ ☽□♂ 1:16 AM ☽□⚷ 4:20 AM ♀△♆ 9:13 AM ☽✱♅ 10:53 AM ☉△♄ 3:19 PM	30 ♋→♌ ☽△♆ 1:06 AM ☽△♀ 2:43 AM ☽☍♇ 6:54 AM ☽□♀ 7:03 AM ☽□☿ 7:48 AM v/c ♀□♃ 4:31 PM ☽→♌ 5:53 PM

SEPTEMBER 2021

FRI	SAT	SUN	FOCUS
3 ♋→♌ ☽→♌ 8:58 AM ☽✶☿ 9:45 PM ☽☌♄ 11:54 PM	**4** ♌ ☽△⚷ 7:13 AM ☽□♆ 12:23 PM ☿△♄ 6:30 PM	**5** ♌→♍ ☽✶♀ 4:58 AM ☽△♀ 6:26 AM ☽✶♃ 7:21 AM v/c ☽→♍ 4:05 PM ♀□♅ 8:06 PM ♀☍♀ 9:42 PM	
10 ♏ ♃✶♀ 2:29 AM ☽□♄ 11:52 AM ♀→♍ 1:39 PM ☽☌♅ 11:36 PM	**11** ♏ ☽✶☉ 7:07 AM ☽△♆ 11:50 AM ☽□♃ 4:08 PM ☽✶♇ 4:13 PM ☽☌♂ 10:32 PM v/c	**12** ♏→♐ ☽→♐ 1:34 AM ☽✶♄ 2:17 PM ☽△⚷ 9:07 PM	**GOALS**
17 ♒ ☽✶⚷ 4:18 AM ☽□♅ 9:44 AM ☽△☿ 10:36 PM	**18** ♒→♓ ☽☌♃ 2:14 AM v/c ☽✶♀ 3:33 AM ☽→♓ 1:22 PM	**19** ♓ ☽△♀ 7:25 AM ☽✶♅ 3:25 PM	**TASKS**
24 ♉ ☽☌♅ 9:56 AM ☽☍♀ 1:15 PM	**25** ♉→♊ ☽✶♆ 12:23 AM ☽□♃ 3:48 AM ☽△♇ 6:09 AM v/c ♂△♄ 2:50 PM ☽→♊ 5:36 PM	**26** ♊ ☽△☉ 12:35 AM ☽△♄ 7:56 AM ☽△♂ 8:58 AM ☽✶⚷ 3:53 PM ☿ SR 10:10 PM	
1	**2**	**3**	

AUGUST 2021

M	T	W	TH	F	S	S
						1 ●
2	3	4	5	6	7	8
9	10	11	12	13	14	15 ◐
16	17	18	19	20	21	22 ○
23	24	25	26	27	28	29
30 ◑	31					

OCTOBER 2021

M	T	W	TH	F	S	S
				1	2	3
4	5	6 ●	7	8	9	10
11	12 ◐	13	14	15	16	17
18	19	20 ○	21	22	23	24
25	26	27	28 ◑	29	30	31

NOTES | **SEPTEMBER 2021**

OCTOBER

OCTOBER

M	T	W	Th	F	S	S
				1	2	3
4	5	●	7	8	9	10
11	◐	13	14	15	16	17
18	19	○	21	22	23	24
25	26	27	◑	29	30	31

10/6	4:05 AM	●	Libra New Moon	☽13♎24 ☌ ☉13♎24
10/12	8:25 PM	◐	First Quarter Square	☽20♑00 □ ☉ 20♎00
10/20	7:56 AM	○	Aries Full Moon (Hunters Moon)	☽27♈26 ☍ ☉ 27♎26
10/28	1:05 PM	◑	Last Quarter Square	☽05♌37 □ ☉05♏37

Notable Aspects, Ingresses & Stations

10/1	☿☍⯰	Mercury Opposition Venus	24♎23' R	24♈23' R
	♂☍⚷	Mars Opposition Chiron	10♎44' D	10♈44' R
	☿□♇	Mercury Square Pluto	24♎19' R	24♑19' R
10/2	♀✶♇	Venus Sextile Pluto	24♏19' D	24♑19' R
10/3	☉☍⚷	Sun Opposition Chiron	10♎39' D	10♈39' R
	☿△♃	Mercury Trine Jupiter	22♎40' R	22♒40' R
10/6	♇SD	Pluto Stations Direct	24♑18' D	
10/7	♀→♐	Venus Enters Sagittarius	00♐00' D	
	☉☌♂	Sun Conjunct Mars	15♎05' D	15♎05' D
10/8	♇□⯰	Pluto Square Eris	24♑18' D	24♈18' R
10/9	☉☌☿	Sun Conjunct Mercury	16♎35' D	16♎35' R
	☿☌♂	Mercury Conjunct Mars	16♎16' R	16♎16' D
10/10	♄SD	Saturn Stations Direct	06♒52' D	
10/13	♀✶♄	Venus Sextile Saturn	06♐53' D	06♒53' D
10/15	☉△♃	Sun Trine Jupiter	22♎20' D	22♒20' R
10/16	♀△⚷	Venus Trine Chiron	10♐04' D	10♈04' R
	☿✶♀	Mercury Sextile Venus	10♎21' R	10♐21' D
10/17	☉☍⯰	Sun Opposition Eris	24♎14' D	24♈14' R
	☉□♇	Sun Square Pluto	24♎20' D	24♑20' D
	♃SD	Jupiter Stations Direct	22♒19' D	
10/18	☿SD	Mercury Stations Direct	10♎07' D	
	♂△♃	Mars Trine Jupiter	22♎19' D	22♒19' D
10/21	♂☍⯰	Mars Opposition Eris	24♎11' D	24♈11' R
	♂□♇	Mars Square Pluto	24♎22' D	24♑22' D
10/22	☉→♏	Sun Enters Scorpio	00♏00' D	
10/26	♀□♆	Venus Square Neptune	20♐44' D	20♓44' R
10/28	♀✶♃	Venus Sextile Jupiter	22♐30' D	22♒30' D
10/30	♀△⯰	Venus Trine Eris	24♐06' D	24♈06' R
	☉□♄	Sun Square Saturn	07♏11' D	07♒11' D
	♂→♏	Mars Enters Scorpio	00♏00' D	
10/31	☿△♃	Mercury Trine Jupiter	22♎39' D	22♒39' D

ACTIVITY LOG | OCTOBER 2021

#	Day					
1	F					
2	S					
3	S					
4	M					
5	T					
6	W	●				
7	Th					
8	F					
9	S					
10	S					
11	M					
12	T	◐				
13	W					
14	Th					
15	F					
16	S					
17	S					
18	M					
19	T					
20	W	○				
21	Th					
22	F					
23	S					
24	S					
25	M					
26	T					
27	W					
28	Th	◑				
29	F					
30	S					
31	S		Halloween			

OCTOBER 2021 | GOALS & TASKS TO DO

GENERAL SCHEDULE | **OCTOBER 2021**

	MON	TUES	WED	THURS	FRI	SAT	SUN
5							
6							
7							
8							
9							
10							
11							
12							
1							
2							
3							
4							
5							
6							
7							
8							
9							
10							
11							

OCTOBER 2021

MON	TUES	WED	THURS
27	28	29	30
4 ♍ ☽△♅ 2:18 AM ☽☍♆ 2:47 PM ☽△♇ 8:03 PM	**5** ♍→♎ ☽✶♀ 1:46 AM v/c ☽→♎ 5:41 AM ☽△♄ 5:15 PM ☽☍⚷ 11:18 PM	Libra New Moon ● 13♎24 4:05 AM **6** ♎ ☽☌☉ 4:05 AM ☽☌♂ 5:03 AM ♇SD 11:28 AM ☽☌☿ 2:39 PM ☽△♃ 7:08 PM ☽□♇ 10:03 PM v/c ☽☍♀ 10:05 PM	**7** ♎→♏ ♀→♐ 4:20 AM ☽→♏ 7:22 AM ☽□♄ 6:37 PM ☉☌♂ 9:00 PM
11 ♐→♑ ☽△♀ 12:39 AM ☽→♑ 10:14 AM	First Qtr ◐ 20♑00 8:25 PM **12** ♑ ☽□⚷ 3:39 AM ☽□☿ 8:50 AM ☽△♅ 9:33 AM ☽□♂ 5:26 PM ☽□☉ 8:25 PM ☽✶♆ 10:10 PM	**13** ♑→♒ ☽□♀ 3:47 AM ☽☌♇ 3:53 AM v/c ♀✶♄ 12:26 PM ☽→♒ 1:47 PM	**14** ♒ ☽☌♄ 1:54 AM ☽✶♀ 3:03 AM ☽✶⚷ 7:42 AM ☽△☿ 10:08 AM ☽□♅ 1:51 PM
18 ♓→♈ ☽→♈ 3:03 AM ☿SD 8:16 AM ☽✶♄ 4:14 PM ♂△♃ 7:36 PM ☽☌⚷ 10:03 PM ☽☍☿ 10:25 PM	**19** ♈ ☽△♀ 3:39 AM ☽✶♃ 9:58 PM ☽☍♂ 11:28 PM	Aries Full Moon Hunters Moon ○ 27♈26 7:56 AM **20** ♈→♉ ☽☌♀ 1:37 AM ☽□♇ 1:55 AM ☽☍☉ 7:56 AM v/c ☽→♉ 12:58 PM	**21** ♉ ☽□♄ 2:44 AM ♂☍♀ 2:41 PM ☽☌♅ 3:27 PM ♂□♇ 9:19 PM
25 ♊→♋ ☽✶♀ 2:06 AM ☽△♂ 7:10 AM v/c ☽→♋ 2:00 PM ☽△☉ 7:54 PM	**26** ♋ ☽□⚷ 9:33 AM ☽✶♅ 4:37 PM ♀□♆ 6:06 PM ☽□☿ 10:09 PM	**27** ♋ ☽△♆ 7:47 AM ☽□♀ 2:32 PM ☽☍♇ 3:07 PM ☽□♂ 11:01 PM v/c	Last Qtr ◑ 05♌37 1:05 PM **28** ♋→♌ ☽→♌ 2:07 AM ♀✶♃ 12:15 PM ☽□☉ 1:05 PM ☽☍♄ 4:02 PM ☽△⚷ 8:41 PM

OCTOBER 2021

FRI	SAT	SUN
1 ♌ ☿☍♀ 4:15 AM ♂☍⚷ 5:59 AM ☽☍♄ 7:09 AM ☿□♇ 7:26 AM ☽✱☉ 10:34 AM ☽△⚷ 2:17 PM ☽✱♂ 2:46 PM ☽□♅ 8:31 PM	**2** ♌ ♀✱♇ 12:47 AM ☽☍♃ 12:28 PM ☽✱☿ 1:57 PM ☽△♀ 3:28 PM ☽□♀ 4:42 PM v/c	**3** ♌→♍ ☽→♍ 1:37 AM ☉☍⚷ 8:50 AM ☿△♃ 5:04 PM
8 ♏ ☽☍♅ 5:59 AM ☽△♆ 5:52 PM ☽□♃ 8:03 PM ♇□♀ 9:29 PM ☽✱♇ 11:05 PM v/c	**9** ♏→♐ ☽→♐ 8:24 AM ☉☌☿ 9:18 AM ☽☌♀ 12:36 PM ☿☌♂ 3:48 PM ☽✱♄ 7:43 PM	**10** ♐ ☽△⚷ 1:27 AM ☽✱☿ 9:49 AM ☽✱♂ 12:11 PM ☽✱☉ 1:44 PM ☽□♆ 7:16 PM ♄SD 7:17 PM ☽✱♃ 9:30 PM v/c
15 ♒→♓ ☽△♂ 12:57 AM ☉△♃ 4:46 AM ☽☌♃ 5:29 AM ☽△☉ 5:32 AM v/c ☽✱♀ 8:55 AM ☽→♓ 7:21 PM	**16** ♓ ♀△⚷ 11:49 AM ☽□♀ 1:59 PM ☿✱♀ 6:23 PM ☽✱♅ 8:14 PM	**17** ♓ ☉☍♀ 2:34 AM ☉□♇ 5:12 AM ☽☌♆ 9:59 AM ☽✱♇ 4:23 PM v/c ♃SD 10:30 PM
22 ♉ ☽✱♆ 6:26 AM ☽□♃ 9:31 AM ☽△♇ 1:35 PM v/c ☉→♏ 9:51 PM	**23** ♉→♊ ☽→♊ 12:57 AM ☽△♄ 3:11 PM ☽✱⚷ 8:45 PM	**24** ♊ ☽△☿ 3:16 AM ☽☍♀ 2:42 PM ☽□♆ 7:13 PM ☽△♃ 10:33 PM
29 ♌ ☽□♅ 3:24 AM ☽✱☿ 3:31 PM ☽☍♃ 9:23 PM	**30** ♌→♍ ☽△♀ 12:04 AM v/c ☽△♀ 12:15 AM ♀△♀ 2:25 AM ☉□♄ 2:53 AM ♂→♏ 7:21 AM ☽→♍ 11:09 AM ☽✱♂ 11:21 AM	**31** ♍ ☽✱☉ 1:57 AM ☽△♅ 10:32 AM ☿△♃ 9:18 PM Halloween

FOCUS

GOALS

TASKS

☐
☐
☐
☐
☐
☐
☐
☐
☐
☐
☐
☐

SEPTEMBER 2021

M	T	W	TH	F	S	S
		1	2	3	4	5
●	7	8	9	10	11	12
◐	14	15	16	17	18	19
○	21	22	23	24	25	26
27	◑	29	30			

NOVEMBER 2021

M	T	W	TH	F	S	S
1	2	3	●	5	6	7
8	9	10	◐	12	13	14
15	16	17	18	◉	20	21
22	23	24	25	26	◑	28
29	30					

NOTES | **OCTOBER 2021**

NOVEMBER

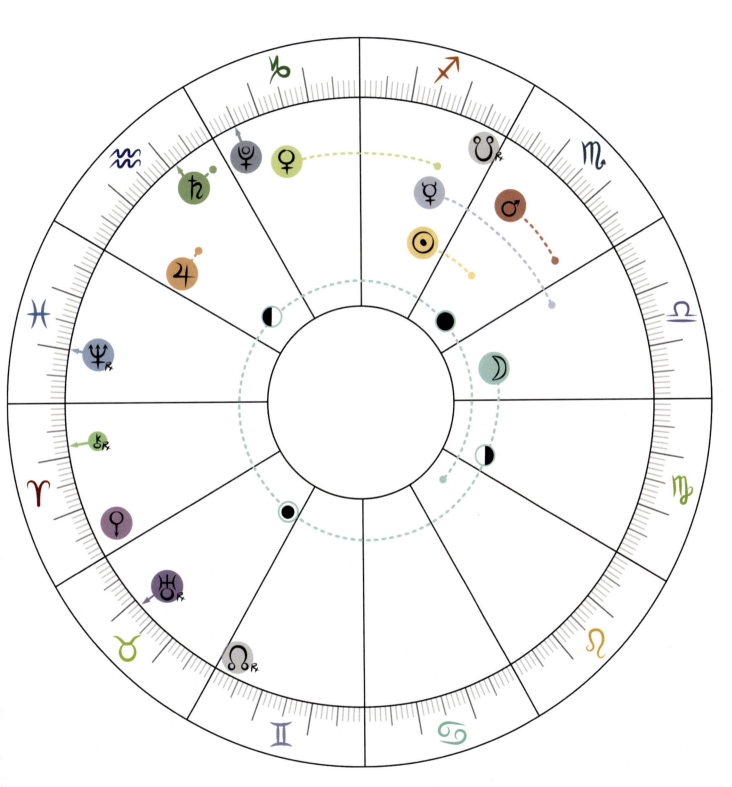

NOVEMBER

M	T	W	Th	F	S	S
1	2	3	●	5	6	7
8	9	10	◐	12	13	14
15	16	17	18	◉	20	21
22	23	24	25	26	◑	28
29	30					

11/4	2:14 PM	●	Scorpio New Moon	☽ 12♏40 ☌ ☉ 12♏40
11/11	4:46 AM	◐	First Quarter Square	☽ 19♒20 □ ☉ 19♏20
11/19	12:57 AM	◉	Taurus Full Moon (Beaver Moon) Partial Lunar Eclipse	☽ 27♉14 ☍ ☉ 27♏14
11/27	4:27 AM	◑	Last Quarter Square	☽ 05♍28 □ ☉ 05♐28

Notable Aspects, Ingresses & Stations

11/1	☿ ☍ ⯰	Mercury Opposition Eris	24♎04' D	24♈04' R
11/2	☿ □ ♇	Mercury Square Pluto	24♎29' D	24♑29' D
11/3	☿	Post-Retrograde Shadow Ends	25♎28' D	
11/4	☉ ☍ ♅	Sun Opposition Uranus	12♏47' D	12♉47' R
11/5	♀ → ♑	Venus Enters Capricorn	00♑00' D	
	☿ → ♏	Mercury Enters Scorpio	00♏00' D	
11/6	☿ ✱ ♀	Mercury Sextile Venus	01♏09' D	01♑09' D
11/10	☿ ☌ ♂	Mercury Conjunct Mars	07♏22' D	07♏22' D
	☿ □ ♄	Mercury Square Saturn	07♏39' D	07♒39' D
	♂ □ ♄	Mars Square Saturn	07♏40' D	07♒40' D
11/12	☉ △ ♆	Sun Trine Neptune	20♏30' D	20♓30' R
11/13	☿ ☍ ♅	Mercury Opposition Uranus	12♏25' D	12♉25' R
11/15	♀ □ ⚷	Venus Square Chiron	08♑57' D	08♈57' R
	☉ □ ♃	Sun Square Jupiter	23♏40' D	23♒40' D
11/16	☉ ✱ ♇	Sun Sextile Pluto	24♏43' D	24♑43' D
11/17	♂ ☍ ♅	Mars Opposition Uranus	12♏15' D	12♉15' R
11/18	♃ ✱ ⯰	Jupiter Sextile Eris	23♒55' D	23♈55' R
	☿ △ ♆	Mercury Trine Neptune	20♏26' D	20♓26' R
	♀ △ ♅	Venus Trine Uranus	12♑12' D	12♉12' R
11/20	☿ □ ♃	Mercury Square Jupiter	24♏11' D	24♒11' D
11/21	☿ ✱ ♇	Mercury Sextile Pluto	24♏48' D	24♑48' D
	☉ → ♐	Sun Enters Sagittarius	00♐00' D	
11/24	☿ → ♐	Mercury Enters Sagittarius	00♐00' D	
11/26	♄ ✱ ⚷	Saturn Sextile Chiron	08♒40' D	08♈40' R
11/28	☉ ☌ ☿	Sun Conjunct Mercury	07♐10' D	07♐10' D
11/29	♂ △ ♆	Mars Trine Neptune	20♏24' D	20♓24' R
	☿ △ ⚷	Mercury Trine Chiron	08♐36' D	08♈36' R
	☿ ✱ ♄	Mercury Sextile Saturn	08♐54' D	08♒54' D
11/30	☉ △ ⚷	Sun Trine Chiron	08♐36' D	08♈36' R
	♀ ✱ ♆	Venus Sextile Neptune	20♑24' D	20♓24' R
	☉ ✱ ♄	Sun Sextile Saturn	08♐57' D	08♒57' D

ACTIVITY LOG | NOVEMBER 2021

1	M				
2	T		Election Day		
3	W				
4	Th	●			
5	F				
6	S				
7	S		Daylight Savings Ends		
8	M				
9	T				
10	W				
11	Th	◐	Veteran's Day		
12	F				
13	S				
14	S				
15	M				
16	T				
17	W				
18	Th				
19	F	◉			
20	S				
21	S				
22	M				
23	T				
24	W				
25	Th		Thanksgiving Day		
26	F				
27	S	◐			
28	S				
29	M		First Day of Hanukkah		
30	T				

NOVEMBER 2021 | GOALS & TASKS TO DO

GENERAL SCHEDULE | **NOVEMBER 2021**

	MON	TUES	WED	THURS	FRI	SAT	SUN
5							
6							
7							
8							
9							
10							
11							
12							
1							
2							
3							
4							
5							
6							
7							
8							
9							
10							
11							

NOVEMBER 2021

MON	TUES	WED	THURS
1 ♍→♎ ☽☍♆ 12:04 AM ☽△♇ 6:42 AM ☽□♀ 10:00 AM v/c ☽→♎ 4:10 PM ☿☍♀ 8:09 PM	2 ♎ ☿□♇ 2:39 AM ☽△♄ 4:31 AM ☽☍⚷ 8:00 AM US Election Day	3 ♎→♏ ☽△♃ 6:07 AM ☽☍♀ 8:14 AM ☽□♇ 8:57 AM ☽☌☿ 12:26 PM ☽⚹♀ 3:32 PM v/c ☽→♏ 5:52 PM ☽☌♂ 10:55 PM	4 Scorpio New Moon ● 12♏40 2:14 PM ♏ ☽□♄ 5:45 AM ☽☌☉ 2:14 PM ☽☍♅ 2:25 PM ☉☍♅ 4:57 PM
8 ♑ ☽⚹♂ 2:48 AM ☽□⚷ 8:04 AM ☽△♅ 1:47 PM ☽⚹☉ 9:06 PM	9 ♑→♒ ☽⚹♆ 3:00 AM ☽□♀ 8:51 AM ☽☌♇ 9:51 AM v/c ☽→♒ 7:03 PM	10 ♒ ☿☌♂ 4:56 AM ☽□♂ 7:54 AM ☽□☿ 8:08 AM ☽☌♄ 8:14 AM ☿□♄ 9:04 AM ☽⚹⚷ 10:44 AM ♂□♄ 3:13 PM ☽□♅ 4:45 PM	11 First Qtr ◐ 19♒20 4:46 AM ♒→♓ ☽□☉ 4:46 AM ☽☌♃ 11:52 AM v/c ☽⚹♀ 1:03 PM ☽→♓ 11:53 PM Veteran's Day
15 ♈ ♀□⚷ 12:07 AM ☽☌⚷ 1:01 AM ☽□♀ 1:05 AM ☉□♃ 11:58 AM	16 ♈→♉ ☽⚹♃ 5:55 AM ☽☌♀ 6:19 AM ☽□♇ 7:50 AM v/c ☉⚹♇ 1:01 PM ☽→♉ 6:17 PM	17 ♉ ♂☍♅ 9:22 AM ☽□♄ 10:19 AM ☽△♀ 4:38 PM ☽☌♅ 6:44 PM ☽☍♂ 7:20 PM	18 ♉ ♃⚹♀ 4:40 AM ☿△♆ 7:37 AM ☽⚹♆ 11:13 AM ☽☍☿ 11:47 AM ☽□♃ 6:22 PM ☽△♇ 7:57 PM ♀△♅ 10:07 PM
22 ♋ ☽□⚷ 1:19 PM ☽⚹♅ 7:58 PM	23 ♋ ☽☍♀ 2:48 AM ☽△♂ 4:24 AM ☽△♆ 12:50 PM ☽□♀ 7:46 PM ☽☍♇ 9:46 PM v/c	24 ♋→♌ ☿→♐ 7:36 AM ☽→♌ 7:58 AM ☽△☿ 8:01 AM ☽△☉ 1:34 PM	25 ♌ ☽☍♄ 12:51 AM ☽△⚷ 1:09 AM ☽□♅ 7:32 AM ☽□♂ 7:19 PM Thanksgiving's Day
29 ♍→♎ ☽→♎ 12:54 AM ♂△♆ 6:10 AM ☽⚹☉ 2:44 PM ☽⚹☿ 3:33 PM ☽☍⚷ 3:54 PM ☽△♄ 4:23 PM ☿△⚷ 6:41 PM ☿⚹♄ 11:19 PM First Day of Hanukkah	30 ♎ ☉△⚷ 6:37 AM ☽□♀ 11:55 AM ♀⚹♆ 12:46 PM ☉⚹♄ 3:14 PM ☽☍♀ 5:42 PM ☽□♇ 7:42 PM ☽△♃ 8:19 PM v/c	1	2

NOVEMBER 2021

FRI	SAT	SUN	FOCUS
5 ♏→♐ ☽△♆ 2:53 AM ♀→♑ 3:43 AM ☽□♃ 6:32 AM ☽✶♇ 9:10 AM v/c ☿→♏ 3:34 PM ☽→♐ 5:52 PM	**6** ♐ ☽✶♄ 5:46 AM ☽△♅ 8:36 AM ☿✶♀ 8:58 AM	**7** ♐→♑ ☽□♆ 2:46 AM ☽✶♃ 6:43 AM v/c ☽△♀ 8:21 AM ☽→♑ 6:03 PM ☽☌♀ 9:18 PM Daylight Savings Ends	
12 ♓ ☉△♆ 8:23 AM ☽✶♀ 12:17 PM ☽△♂ 4:28 PM ☽△♀ 9:22 PM ☽✶☿ 10:43 PM	**13** ♓ ☿☌♅ 7:56 AM ☽☌♆ 1:45 PM ☽△☉ 4:18 PM ☽✶♇ 9:39 PM v/c	**14** ♓→♈ ☽→♈ 7:48 AM ☽✶♄ 10:59 PM	**GOALS**
Taurus Full Moon ● 27♉14 Partial Lunar Eclipse 12:57 AM Beaver Moon **19** ♉→♊ ☽☍☉ 12:57 AM v/c ☽→♊ 6:32 AM ☽△♄ 11:12 PM	**20** ♊ ☽✶♃ 12:27 AM ☿□♃ 3:42 PM	**21** ♊→♋ ☽□♆ 12:05 AM ☿✶♆ 1:13 AM ☽✶♀ 7:09 AM ☽△♃ 7:51 AM v/c ☉→♐ 6:33 PM ☽→♋ 7:32 PM	**TASKS** ☐ ☐
26 ♌→♍ ☽△♀ 6:32 AM ☽☍♃ 8:23 AM v/c ♄✶⚷ 5:04 PM ☽→♍ 6:11 PM	Last Qtr ◐ 05♍28 4:27 AM **27** ♍ ☽□☿ 2:27 AM ☽☐☉ 4:27 AM ☽△♅ 4:18 PM	**28** ♍ ☽△♀ 5:14 AM ☽✶♂ 6:36 AM ☽☍♆ 7:49 AM ☽△♇ 4:02 PM v/c ☉☌☿ 8:39 PM	☐ ☐ ☐ ☐
3	**4**	**5**	☐ ☐ ☐ ☐ ☐

OCTOBER 2021

M	T	W	TH	F	S	S
				1	2	3
4	5	●	7	8	9	10
11	◐	13	14	15	16	17
18	19	○	21	22	23	24
25	26	27	◑	29	30	31

DECEMBER 2021

M	T	W	TH	F	S	S
		1	2	●	4	5
6	7	8	9	◐	11	12
13	14	15	16	17	○	19
20	21	22	23	24	25	◑
27	28	29	30	31		

NOTES | **NOVEMBER 2021**

DECEMBER

DECEMBER

M	T	W	Th	F	S	S
		1	2	● 3	4	5
6	7	8	9	◐ 10	11	12
13	14	15	16	17	○ 18	19
20	21	22	23	24	25	◑ 26
27	28	29	30	31		

12/3 11:43 PM ● Sagittarius New Moon Total Solar Eclipse ☽ 12♐22 ☌ ☉ 12♐22

12/10 5:35 PM ◐ First Quarter Square ☽ 19♓13 □ ☉ 19♐13

12/18 7:56 AM ○ Gemini Full Moon (Cold Moon) ☽ 27♊28 ☍ ☉ 27♐28

12/26 6:23 PM ◑ Last Quarter Square ☽ 05♎32 □ ☉ 05♑32

Notable Aspects, Ingresses & Stations

12/1	♆SD	Neptune Stations Direct	20♓24' D	
12/6	♂✶♇	Mars Sextile Pluto	25♏10' D	25♑10' D
12/7	♀□⚸	Venus Square Eris	23♑47' D	23♈47' R
	☿□♆	Mercury Square Neptune	20♐24' D	20♓24' D
	♂□♃	Mars Square Jupiter	26♏24' D	26♒24' D
12/9	☿△⚸	Mercury Trine Eris	23♐46' D	23♈46' R
12/11	♀☌♇	Venus Conjunct Pluto	25♑19' D	25♑19' D
	☿✶♃	Mercury Sextile Jupiter	26♐57' D	26♒57' D
	☉□♆	Sun Square Neptune	20♐26' D	20♓26' D
12/13	♂→♐	Mars Enters Sagittarius	00♐00' D	
	☿→♑	Mercury Enters Capricorn	00♑00' D	
12/15	☉△⚸	Sun Trine Eris	23♐44' D	23♈44' R
12/18	☿□⚷	Mercury Square Chiron	08♑26' D	08♈26' R
12/19	♀SR	Venus Stations Retrograde	26♑29' R	
	⚷SD	Chiron Stations Direct	08♈26' D	
	☉✶♃	Sun Sextile Jupiter	28♐19' D	28♒19' D
12/20	☿△♅	Mercury Trine Uranus	11♑10' D	11♉10' R
12/21	☉→♑	Sun Enters Capricorn	00♑00' D	
12/23	♄□♅	Saturn Square Uranus	11♒05' D	11♉05' R
12/25	♂△⚷	Mars Trine Chiron	08♐27' D	08♈27' D
	♀☌♇	Venus Conjunct Pluto	25♑43' R	25♑43' D
12/26	☿✶♆	Mercury Sextile Neptune	20♑35' D	20♓35' D
12/28	☿□⚸	Mercury Square Eris	23♑42' D	23♈42' R
	♃→♓	Jupiter Enters Pisces	00♓00' D	
12/29	☿☌♀	Mercury Conjunct Venus	24♑26' D	24♑26' R
	☉□⚷	Sun Square Chiron	08♑29' D	08♈29' R
	♂✶♄	Mars Sextile Saturn	11♐41' D	11♒41' D
12/30	☿☌♇	Mercury Conjunct Pluto	25♑53' D	25♑53' D
	♀□⚸	Venus Square Eris	23♑41' R	23♈41' R

ACTIVITY LOG | **DECEMBER 2021**

1	W				
2	Th				
3	F	●			
4	S				
5	S				
6	M		Last Day of Hanukkah		
7	T				
8	W				
9	Th				
10	F	◐			
11	S				
12	S				
13	M				
14	T				
15	W				
16	Th				
17	F				
18	S	○			
19	S				
20	M				
21	T		December Solstice		
22	W				
23	Th				
24	F		Christmas Eve		
25	S		Christmas Day		
26	S	◑			
27	M				
28	T				
29	W				
30	Th				
31	F		New Year's Eve		

DECEMBER 2021 | GOALS & TASKS TO DO

GENERAL SCHEDULE | **DECEMBER 2021**

	MON	TUES	WED	THURS	FRI	SAT	SUN
5							
6							
7							
8							
9							
10							
11							
12							
1							
2							
3							
4							
5							
6							
7							
8							
9							
10							
11							

DECEMBER 2021

MON	TUES	WED	THURS
29	30	1 ♎→♏ ☽→♏ 3:55 AM ♆SD 5:22 AM ☽□♄ 6:43 PM ☽☍♅ 11:01 PM	2 ♏ ☽△♆ 12:57 PM ☽✶♀ 2:51 PM ☽☌♂ 4:45 PM ☽✶♇ 8:25 PM ☽□♃ 9:22 PM v/c
6 ♑ ♂✶♇ 3:41 AM ☽✶♆ 12:08 PM ☽☌♀ 5:21 PM ☽□⯰ 5:38 PM ☽☌♇ 7:55 PM ☽✶♂ 8:42 PM v/c Last Day of Hanukkah	7 ♑→♒ ♀□⯰ 3:03 AM ☽→♒ 3:48 AM ☿□♆ 7:16 AM ☽✶⚷ 5:55 PM ☽☌♄ 7:42 PM ♂□♃ 10:21 PM ☽□♅ 11:00 PM	8 ♒ ☽✶☉ 7:56 AM ☽✶☿ 6:06 PM ☽✶⯰ 8:00 PM	9 ♒→♓ ☽☌♃ 12:52 AM ☽□♂ 1:59 AM v/c ☽→♓ 6:53 AM ☿△⯰ 10:46 AM
13 ♈ ♂→♐ 1:52 AM ☽△☉ 8:03 AM ☿→♑ 9:52 AM ☽☌⯰ 11:47 AM ☽□♇ 3:00 PM ☽□♀ 4:02 PM ☽✶♃ 6:52 PM v/c	14 ♈→♉ ☽→♉ 12:10 AM ☽△☿ 2:19 AM ☽□♄ 8:36 PM ☽☌♅ 10:50 PM	15 ♉ ☉△⯰ 4:33 AM ☽✶♆ 5:20 PM	16 ♉→♊ ☽△♇ 3:28 AM ☽△♀ 5:14 AM ☽□♃ 8:08 AM v/c ☽→♊ 12:42 PM ☽☍♂ 5:55 PM
20 ♋ ☽✶♅ 12:16 AM ☿△♅ 12:18 PM ☽△♆ 7:00 PM	21 ♋→♌ ☽□⯰ 1:24 AM ☽☍♇ 5:09 AM ☽☍♀ 6:43 AM v/c ☉→♑ 7:59 AM ☽→♌ 1:53 PM December Solstice	22 ♌ ☽△♂ 2:24 AM ☽△⚷ 6:33 AM ☽☍♄ 11:28 AM ☽□♅ 11:49 AM	23 ♌ ☽△⯰ 12:19 PM ☽☍♃ 10:39 PM v/c ♄□♅ 11:16 PM
27 ♎ ☽✶♂ 2:07 AM ☽△♄ 4:55 AM	28 ♎→♏ ☽□☿ 12:56 AM ☽☍⯰ 2:26 AM ☽□♀ 4:19 AM ☽□♇ 6:06 AM ☽△♃ 1:10 PM v/c ☽→♏ 1:16 PM ☿□⯰ 2:39 PM ♃→♓ 8:09 PM	29 ♏ ☿☌♀ 2:27 AM ☽✶☉ 2:42 AM ☽☍♅ 7:51 AM ☽□♄ 8:58 AM ☉□⚷ 3:53 PM ♂✶♄ 4:21 PM ☽△♆ 11:51 PM	30 ♏→♐ ☿☌♇ 1:53 AM ☽✶♀ 5:18 AM ☽✶♇ 8:27 AM ☽✶☿ 9:10 AM v/c ☽→♐ 3:08 PM ☽□♃ 3:42 PM ♀□⯰ 7:38 PM

DECEMBER 2021

FRI	SAT	SUN
3 ♏→♐ Sagittarius New Moon Total Solar Eclipse ● 12♐22 11:43 PM ☽→♐ 4:12 AM ☽△⚷ 5:42 PM ☽∗♄ 6:45 PM ☽☌☉ 11:43 PM	**4** ♐ ☽☌☿ 4:43 AM ☽□♆ 12:22 PM ☽△♀ 5:43 PM ☽∗♃ 9:08 PM v/c	**5** ♐→♑ ☽→♑ 3:30 AM ☽□⚷ 5:02 PM ☽△♅ 9:55 PM
10 ♓ First Qtr ◐ 19♓13 5:35 PM ☽∗♅ 3:22 AM ☽□☉ 5:35 PM ☽☌♆ 7:50 PM	**11** ♓→♈ ☽∗♀ 4:51 AM ☽∗♇ 4:56 AM ☽□☿ 7:33 AM ♀☌♇ 8:28 AM ☿∗♃ 11:24 AM ☽△♂ 11:39 AM v/c ☽→♈ 1:46 PM ☉□♆ 10:21 PM	**12** ♈ ☽☌⚷ 5:55 AM ☽∗♄ 8:49 AM
17 ♊ ☽∗⚷ 5:52 AM ☽△♄ 9:57 AM	**18** ♊ Gemini Full Moon Cold Moon ○ 27♊28 7:56 AM ☽□♆ 6:23 AM ☽∗♀ 12:59 PM ☿□⚷ 6:35 PM ☽☍☉ 8:35 PM ☽△♃ 10:02 PM v/c	**19** ♊→♋ ☽→♋ 1:41 AM ♀SR 2:35 AM ⚷SD 8:32 AM ☉∗♃ 4:31 PM ☽□⚷ 6:44 PM ☽☍☿ 10:25 PM
24 ♌→♍ ☽→♍ 12:24 AM ☽△☉ 6:04 AM ☽□♂ 3:52 PM ☽△♅ 9:24 PM	**25** ♍ ♂△⚷ 2:37 AM ♀☌♇ 4:02 AM ☽△☿ 12:08 PM ☽☍♆ 3:07 PM Christmas Day	**26** ♍→♎ Last Qtr ◑ 05♎32 6:23 PM ☽△♀ 12:11 AM ☽△♇ 12:39 AM v/c ☽→♎ 8:23 AM ☿∗♆ 1:28 PM ☽□☉ 6:23 PM ☽☍⚷ 11:38 PM
31 ♐ ☽△⚷ 4:50 AM ☽∗♄ 10:14 AM ☽☌♂ 12:00 PM	**1** ♐→♑ ☽□♆ 12:15 AM v/c ☉△♅ 1:49 AM ☽△♀ 5:03 AM ☽→♑ 3:02 PM ☽∗♃ 4:12 PM ☿→♒ 11:09 PM New Year's Day	**2** ♑ Capricorn New Moon ● 12♑20 10:33 AM ☽□⚷ 4:31 AM ☽△♅ 8:19 AM ☽☌☉ 10:33 AM ☽∗♆ 11:51 PM

FOCUS

GOALS

TASKS

- ☐
- ☐
- ☐
- ☐
- ☐
- ☐
- ☐
- ☐
- ☐
- ☐
- ☐
- ☐

NOVEMBER 2021

M	T	W	TH	F	S	S
1	2	3	●	5	6	7
8	9	10	◐	12	13	14
15	16	17	18	◉	20	21
22	23	24	25	26	◑	28
29	30					

JANUARY 2022

M	T	W	TH	F	S	S
					1	●
3	4	5	6	7	8	◐
10	11	12	13	14	15	16
○	18	19	20	21	22	23
24	◑	26	27	28	29	30
●						

NOTES | DECEMBER 2021

2021 | END OF YEAR REFLECTIONS

END OF YEAR REFLECTIONS | 2021

2021 | END OF YEAR REFLECTIONS

END OF YEAR REFLECTIONS | 2021

DRAW YOUR NATAL CHART

View your free natal chart at MoonTrine.com/chart

BIRTHDAY: _____ BIRTH TIME: _____ BIRTH PLACE: _____

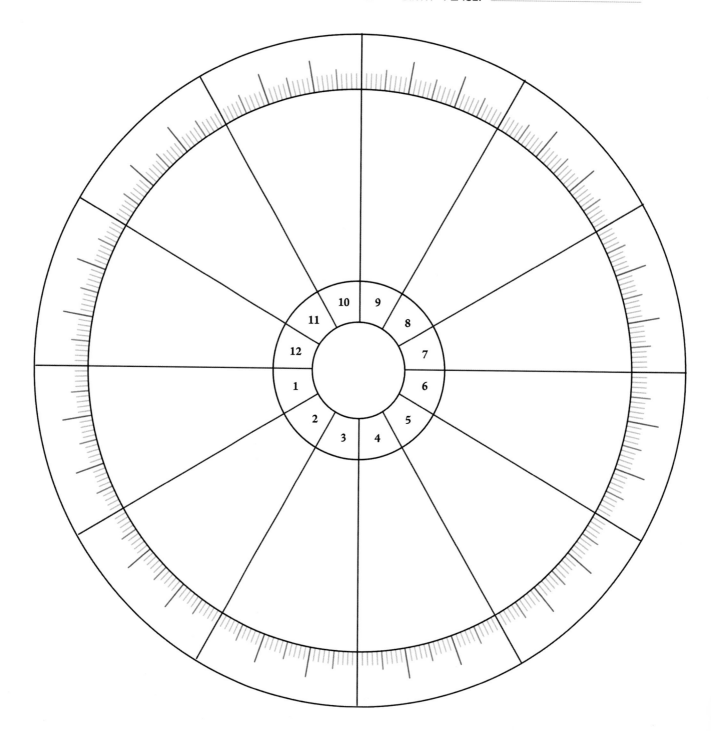

KEYWORDS FOR HOUSES (AREAS OF FOCUS)

1. Self, Personality, Vitality, Mannerisms
2. Values, Income, Possessions, Attachments
3. Communication, Siblings, Peers, Neighbors
4. Family, Home, Real Estate, Heritage
5. Children, Creative Expression, Romance, Hobbies
6. Daily Service, Health, Self-Discipline, Pets
7. Partners, Clients, Marriage, Cooperation
8. Joint Resources, Inheritance, Taxes, Occult
9. Philosophy, Morals, Ethics, Religion, Law
10. Vocation, Career, Achievements, Reputation
11. Groups, Clubs, Organizations, Friends
12. Unresolved Issues, Dreams, Escapism, Secrets

PLANET / POINT		SIGN	DEGREE
☉	Sun		
☽	Moon		
☿	Mercury		
♀	Venus		
♂	Mars		
♃	Jupiter		
♄	Saturn		
♅	Uranus		
♆	Neptune		
♇	Pluto		
☊	North Node		
☋	South Node		
⚷	Chiron		
♀	Eris		
⊕	Part of Fortune		
	AC		
	MC		

	Cardinal	Fixed	Mutable
Fire			
Air			
Earth			
Water			

161

QUICK REFERENCE & KEYWORDS

GLYPH	SIGN NAME	ELEMENT	POLARITY	QUALITY	PLANETARY RULER	KEYWORDS FOR SIGN	RULES HOUSE
♈	ARIES	Fire	Masculine	Cardinal	♂ Mars	Initiate, Energy, Will Power, Assertion, Pioneer, Leader, Self-Expression, Forceful, Direct, Impatience, Brave, Energetic	1
♉	TAURUS	Earth	Feminine	Fixed	♀ Venus	Resources, Strength, Senses, Material, Stubborn, Reliable, Solid, Steady, Slow, Possessions, Endurance, Charming, Affectionate, Luxury	2
♊	GEMINI	Air	Masculine	Mutable	☿ Mercury	Communication, Learning, Curious, Networking, Quick Witted, Duality, Changeable, Short Travel, Siblings, Neighborhood, Peers	3
♋	CANCER	Water	Feminine	Cardinal	☽ Moon	Nourishment, Emotion, Sensitivity, Family, Home, Privacy, Protection, Vulnerable, Evasive, Imaginative, Resourceful, Moody	4
♌	LEO	Fire	Masculine	Fixed	☉ Sun	Creativity, Enthusiasm, Ego, Entertainment, Charisma, Children, Performance, Fun, Dramatic, Generous, Pride, Celebration, Play	5
♍	VIRGO	Earth	Feminine	Mutable	☿ Mercury	Discernment, Analyzing, Critical, Orderly, Meticulous, Details, Practical, Modest, Service, Craftsman, Specialist, Worker, Harvest	6
♎	LIBRA	Air	Masculine	Cardinal	♀ Venus	Cooperation, Balance, Harmony, Equality, Justice, Relationship, Courtesy, Diplomatic, Quality, Beauty, Marriage, Partnership, Refinement	7
♏	SCORPIO	Water	Feminine	Fixed	♇ Pluto / ♂ Mars	Determined, Focus, Investigation, Research, Secretive, Empowered, Primal, Sharp, Perceptive, Mysterious, Intimate, Intense, Relentless	8
♐	SAGITTARIUS	Fire	Masculine	Mutable	♃ Jupiter	Exploration, Higher Learning, Philosophy, Beliefs, Honesty, Excessive, Adaptable, Open-Minded, Optimistic, Tactless, Dogmatic, Dependable	9
♑	CAPRICORN	Earth	Feminine	Cardinal	♄ Saturn	Ambitious, Prudent, Persistent, Traditions, Builder, Business, Discipline, Respectful, Authority, Laws, Conventional, Institutions	10
♒	AQUARIUS	Air	Masculine	Fixed	♅ Uranus / ♄ Saturn	Humanitarian, Community, Ingenuity, Eccentric, Unconventional, Idealistic, Intellectual, Independent, Revolutionary, Erratic, Unreliable, Original	11
♓	PISCES	Water	Feminine	Mutable	♆ Neptune / ♃ Jupiter	Imagination, Dreams, Illusions, Oneness, Escapism, Romantic, Poetic, Sensitive, Intuitive, Receptive, Indecisive, Compassion	12

MOON PHASES

New Moon	First Quarter	Full Moon	Last Quarter
Emerge, Commence	Crisis In Action	Completion, Culminate	Crisis In Awareness

V/C	→	
Moon Void OF Course	Ingress Into New Sign	Eclipse
Passive Time, No Results From Initiations	Shift In Focus	Revelations

PLANETS

GLYPH	NAME	KEYWORDS
☉	Sun	Will, Vitality, Purpose, Confidence
☽	Moon	Emotional Nature, Intuition, Sensitivity
☿	Mercury	Communication, Travel, Intelligence
♀	Venus	Love, Beauty, Wealth, Grace, Art
♂	Mars	Action, Energy, Desire, Courage
♃	Jupiter	Expansion, Opportunity, Exaggeration
♄	Saturn	Boundaries, Discipline, Responsibilities
♅	Uranus	Sudden Change, Exciting, Inventive, Progressive
♆	Neptune	Spirituality, Illusions, Inspiration, Confusion, Addiction
♇	Pluto	Permanent Change, Transform, Regenerate, Underworld
⚷	Chiron	Wounded, Healing, Knowing, Diffused, Holistic
⚴	Eris	Disruption, Chaos to Reorganize, Dispute, Lawlessness

ASPECTS

GLYPH	DEGREE	NAME	KEYWORDS
☌	0	Conjunction	Amplify, Enhancing, Merges
☍	180	Opposition	Awareness, Polarizing, Tension
□	90	Square	Challenge, Conflict, Obstacle
△	120	Trine	Harmonizing, Combines Easily
✶	60	Sextile	Compatible, Opportunity, Productive
℞		Retrograde	Reflect, Redo, Revise, Revisit, Review
D		Direct	Moving Forward Again

Made in the USA
Coppell, TX
17 December 2020